創造する人の時代

茶谷公之

日経BP

あなたはものをつくるのは好きでしょうか？


ここ最近の日本はものづくりが苦手です。

第二次世界大戦後、ものづくり立国として、今のパナソニックの創業者となる松下幸之助、ソニーの井深大、盛田昭夫、ホンダの本田宗一郎など歴史に名を残す起業家が生まれ、「つくる」のが得意な国だったのは昔の話です。GoogleやAmazonといったGAFAMの例を出すまでもなく、日本には新しい「ものをつくれる」巨大企業は生まれていません。


どうしてでしょうか。

それは、日本全体が「つくる」ことを長い間考えてこなかったからです。

正確に言えば「つくる」必要がありませんでした。


さきほどのパナソニックやソニー、ホンダなどが起業して世界に名をとどろかせるような会社を「つくった」のは、自分たちで「つくる」しかなかったからです。

戦争で国土が焼け野原になり、人も不足していて、優秀な人材がいたとしても働ける場所も少なく、自分でものを「つくる」しか生き残る道はありませんでした。

しかし、復興が軌道に乗り、大企業中心の経済ができあがると状況は変わります。教育も整備されて、優秀な人材は一流大学を出て、大手企業に入るというルートが一般的になります。

そこでは、先人たちがつくりあげたモノやサービスをいかにして改良するかが課題になります。**つまり、「つくる」のではなく「運営する」人が求められるようになり、調整型の人材が重宝されるようになりました。**

そのしくみで、企業は成長し、日本経済は栄華を極めました。

そこから、大会社に入って、そこでうまく運営することが人生の「正解」とされる時代が良くも悪くも続きました。多くの人はいかにして「つくる」ではなく、いかに効率的に「正解」を導くかに力を注いできたのです。

ただ、平成も後半になるとそのモデルは行き詰まりを見せます。

ハードからソフトに競争環境が変わり、国内では少子高齢化など、働ける人口が減りました。

ここで方向転換が必要でしたが、日本はあまりにも昭和の成功体験が大きすぎました。

戦後の焼け野原から一時はアメリカに迫る経済大国になったのです。これまでの成功体験は「運営する」です。つまり、前例踏襲でおかしなことをしない。

そうした慣習はすぐには変えられません。これが日本企業の停滞の原因です。


その上、技術の進歩も考えなければなりません。

２０２２年に公開された対話型AI「ChatGPT」が、次の脅威だと感じた人もいるでしょう。

自然に会話ができ、学習能力も高い。翻訳も数秒で難なくこなすし、仕事に必要なレポートの下書きもうまく書いてくれます。膨大な情報と、こんなに簡単にコミュニケーションできるなら、アナリストやＩＴエンジニア、ライター、教師、会計士、行政書士などホワイトカラーの大半の仕事は代替可能になるという報告もあります。

高収入の代表格である医師ですら例外ではありません。すでにCTスキャンやMRIなどの画像診断はAIのほうが正確と言われています。ChatGPTのリリース以降、AIの脅威を感じ始めた人の中には転職したり、学び直しを始めたりしている人もすでに少なくありません。

これらの背景を踏まえて、どうしたら生き残れるのか。

その答えはやはり、「つくれる人になる」ことだと思います。


人はもともと、常に「つくる」生き物です。ものをつくり、サービスをつくり、しくみをつくります。つまり新しい価値をつくります。新しい価値をつくればそこに仕事もつくれます。

もちろん、技術の進歩により、なくなる仕事もあるでしょう。

しかし、人間が唯一テクノロジーに勝てることは「つくる」ことです。

どこまで進んでも、AIは価値を「つくる」ことはできないでしょう。**「つくれる」人だけは、ずっと仕事がなくなることはありません。**


しかし、冒頭でお話ししたとおり、今こそ私たちには「つくる」ことが必要なのですが、あまりにも「つくる」行為からはなれていて、どうしていいかわからないのが日本の現状です。「『つくる』といわれても、アーティストでも、理系でもないし……」という声も聞こえてきそうですが、「つくる」には理系文系は問いません。まずは「つくろう」という意思が大切です。

盛田昭夫も本田宗一郎も「こんなものがあったら嬉しい」と感じたからつくったのです。こんなものが欲しい、あんなものがあったらいいとまず妄想することが大切です。簡単そうに聞こえるかもしれません。しかし、妄想するにも、慣れと訓練が必要です。今ここに神さまが現れて、「あなたが考えたものを何でも自由につくれる」と言われても、どのくらいの人が言えるでしょうか。

つくれる人は、仕事に困りません。つくる人は「おもしろい」ものを追い求めています。だから、**ただただ「おもしろい」仕事を追い求めていけば、結果的にキャリアになっていきます**。私もこれまで、キャリアパスを描いたことはなく、キャリアのゴールは今も昔もありません。

まずは妄想しましょう。それが企画になり、現実になります。

私も妄想を膨らませて半生を送ってきました。小さいころに世界中を訪れてみたいとぼんやりと思い浮かべ、短波ラジオにはまりました。

ソニーに入って、たまたまゲーム事業に仲間と共に携わり、「こんなゲーム機があったらいいな」とプレイステーションのハードをつくりました。

思わなければ何も形になりません。

そして、これこそAIに真似できない芸当です。もし、あなたが妄想さえできれば、それを形にするツールは現代にはいくらでも転がっています。


本書では「つくる」人になるためのエッセンスをみなさんにお伝えします。

「つくる」には、知っているだけでなく、理解して、使えることが重要です。

「つくりたい」と思いながらも、もし具体的な道筋が見えないなら、おそらくこの「知る」「わかる」「使える」の三段階のどこかにつまずきがあるからです。「つくる」には何を考えればいいのか、細かく分解して、どのような視点を持てばいいかをお話しします。


「つくる」ことは誰にでもできます。

多くの日本人は「つくる」ことと距離を置きすぎた結果、「つくる」を難しく考えすぎる傾向にあります。

「つくる」ことはゼロイチではなく、大半が既存の技術やサービスの組み合わせです。

本書を読めば、どのように組み合わせればよいかの思考のトレーニングにもなるはずです。

「つくる」気持ちを持つことで、みなさんの人生の選択肢は限りなく広がるでしょう。

contents——目次

contents

Chapter 1

「大きな流れ」を意識して勉強しよう

Chapter 2
知識やアイデアを使ってみる

Chapter 3

徹底的に妄想するとつくれる

contents

Chapter 0

妄想することから始めよう

ものをつくるには、わかる、使える、つくれるの3つのステージがある

みなさんが「ものをつくる」場合、まず考えてほしいのは自分が「わかる」「使える」「つくれる」のどのステージにいるかです。

「わかる」「使える」「つくれる」のどのステージにいることが必要なのか。この3つがどう違うのかを知れば、なぜ必要なのかがわかるでしょう。

わかりやすい例をあげます。

たとえば、音楽ビジネスを考えてみてください。音符を読める人、つまり「わかる」人はかなりの割合でいます。

音符が読めて楽器が弾ける人、「使える」人も少なくないでしょう。

ただ、自分で曲がつくれる人となると極端に減りますし、それを商業ベースで「つくる」人となるとほとんどいないでしょう。

つまり、「わかる」「使う」と「つくれる」は次元が違うんですね。

ゲームビジネスも同じです。ゲームを操作して楽しむ人はたくさんいますが、自分でつ

くる人はごく少数です。「さすがにそんなことはわかっているよ」と思われた人も多いでしょう。しかし、現実になると、案外気づきにくいものです。**その道のプロになるには「わかる」「使える」だけでは成功は難しいのですが、ビジネスの現場だと意外にもまっしぐらに突撃してしまう人が少なくありません。**

プラットフォームビジネスが一時流行りましたが、多くの企業は「これからはプラットフォームビジネスだ」といいながらも、GAFAなどの既存のプラットフォーム上でサービスを提供しているだけでした。つまり、プラットフォームを「使える」だけでした。

本来なら、プラットフォームそのものをつくらないと新しい価値創造にはなりません。「つくれる」ことで初めて大きなビジネスチャンスが生まれます。

「そうはいっても、つくれる人は一握りなのではないか」とみなさんは思うかもしれません。たしかにゲームを楽しんだり、楽器を弾いたりする人が1万人いたとして、つくる人はひとりかふたりでしょう。また、つくれたとしても、そのつくったものがヒットするかどうかは能力や運、時代とのマッチングなどさまざまな要素があります。

しかし、今の日本ではつくれる人自体が非常に少ないのが現状です。

クリエーターとそれ以外＝チャレンジャーとそれ以外

クリエーターと聞くと、音楽などのスキルを持った人、あるいは技術者などを想像するかもしれません。しかしアーティストや技術者以外にクリエーターはいますし、なれます。産業をつくるのも、新しい制度をつくるのもクリエーターといえるでしょう。

たとえば、明治以降に多くの企業をつくり、２０２４年に発行される新1万円札の図柄にも選ばれた渋沢栄一もクリエーターといえます。新しい日本には何が必要かを考え、銀行、ホテル、ガス、鉄道、製紙など、さまざまな機関の設立にかかわっています。

もしかすると、みなさんは何か新しいものが生み出されるときには、まず「技術」に詳しくないと何も生み出せないと考えるかもしれません。しかしそんなことはありません。

エンジニアは特定の技術について詳しいですが、専門外にはそれほど詳しくありません。

もちろん、銀行をつくりたかったら、銀行のビジネスモデルやどのような規制を課されているかくらいの知識は押さえておいたほうがいいでしょう。ただ、銀行業務の現場や顧客から預かったお金の運用方法などの詳細を知らなくても問題はありません。

渋沢栄一はわかりやすい例ですが、漠然と「こんなのがあったらいいな」「こんなものをつくれればいいな」という思いをどれだけ熱く語れるかのほうが大切です。

これは実際のつくる現場でも同じです。ソニーの歴史を記したウェブサイトSony Historyによれば、ソニーのウォークマンも創業者の井深大が海外出張の際に、機内で音楽を楽しむために小型で軽い再生機が欲しくなりつくりはじめたのがきっかけです。**つくりたかったり、欲しかったりする情熱のほうがはるかに重要なことがわかるでしょう。**

「つくる」の必須条件は、「チャレンジャー」であることです。

新しいことをやろうとする場合、周囲には、たぶん反対する人のほうが多いはずです。

「リスクが高すぎる」

「前例がないから」

などと反対され、もろ手を挙げて賛成されることは皆無に近いでしょう。**それは、まわりの人たちが「わかる」「使える」にとどまって、「つくる」人ではないからかもしれません。**つくる人ではない人は、どうやってつくればいいかわかっていないからです。新しいものをつくることには、必然的にチャレンジが必要です。

今の日本社会で「つくる人」が生まれにくいのは過度なコンプライアンス遵守のせい

なにかをつくりたいときに前に進むか、みんなが反対するから諦めるかが、「つくる人」とそれ以外の人の差です。

つくる人は、チャレンジャーです。**今の日本社会でチャレンジャーになるのは簡単ではないかもしれません。**その原因として、日本が失敗に寛容でない社会であることは以前から知られていましたが、最近はその風潮は、たとえ低くとも成長とコンプライアンスを守らなければならないという雰囲気によりさらに高まっている印象もあります。

しかし、チャレンジャーになるには本人のモチベーションがもっとも大きいです。チャレンジしてうまくいかなくても、諦めなければ失敗ではないからです。

発明王のトーマス・エジソンは電球の発明に1万回失敗したともいわれています。

ただ、本人は一度たりとも失敗したとは考えていなかったようです。「1万回のうまくいかない方法がわかっただけ」と有名な言葉を残しています。

さすがに1万回のチャレンジはしんどいですが、5回や10回はできるはずです。ところが、たいていの人は２、３回どころか１回うまくいかなかっただけで諦めてしまう人も少なくありません。

無謀なチャレンジをしろといっているわけではありません。

たとえば、私の友人がいきなり「大谷翔平みたいになりたいのでメジャーリーグに挑戦します」といえば考え直せと助言するでしょう。ただ、自分の今までのスキルの延長線上やいくつかのスキルをかけ合わせて実現可能性がゼロでなければもっと前向きに挑戦してもよいのではないでしょうか。

もちろん、「そうはいっても怖いので冒険したくありません」という人もいるはずです。そうした人が何かをつくりたければ、チャレンジャーと一緒にやるというのも選択肢になります。人を集めればいいのです。

これから、社会課題が山積みの日本では問題解決にはつくる力は欠かせません。自分でつくれなくても、どこに問題があり、何をつくらなければいけないかを探せるはずです。問題を定義して、つくれる人につくってもらう。もしつくれなくても、つくろうとすることがはじめの一歩になります。

「つくれる」人になる3つの流儀

「つくれる」人になるにはどのようにすればよいのか。本書一冊を通じて詳しく話していきますが、仕事の心構えとしては大きく3つあります。

「おもしろいことをやる」「変わった人に学ぶ」「自分なりにまっすぐ歩む」です。

まず、「おもしろいことをやる」について説明します。

私はこれまで、キャリアパスを描いたことはなく、キャリアのゴールは今も昔もありません。**ただただ「おもしろい」仕事を追い求めていけば、結果的にキャリアになっていきます。**

海外放送を聞く短波ラジオがソニー製だったことで中高生の頃から「ソニーに入りたい」とは願っていましたが、特に何かをしたいとは思っていませんでしたし、プレイステーションに携わったのもコンピュータグラフィックスを勉強していたことを知った社内の友人に誘われたからです。その後に勤めた、楽天なども私自身が希望したというよりは声をかけられておもしろそうだなと乗ったというのが本当のところです。

私の場合、キャリア形成のために仕事を選んだことはなく、自分の専門性や経験を誰かが評価してくれて次の仕事をいただくことの繰り返しの人生です。

それは企業内でもそうですし、他企業からいただいたお誘いもそうです。そして、幸運にもいつもおもしろい仕事をさせていただいています。

ですから、キャリアは自分でつくるものではなく、おもしろい仕事を追い求めた結果として、私の歩いた後にただ残るものという感覚です。

私が最強だと思うのは、「夢中な人」です。**こういうタイプには努力を重ねたところで追いつけません。**

仕事が好きで好きでしょうがない人は24時間、仕事について考えていますからオンもオフもありません。その人たちに勝とうと思ったら、嫌々取り組むのではなく、その人たち以上に夢中になるしかありません。

ですから、「おもしろいことをやる」しかないわけです。

もしかしたら、会社の業務を好きになれない人もいるでしょう。そういう場合は、自分の仕事を夢中になるように変えるしかありません。仕事を定義し直しましょう。

変わった人に学ぶ

おもしろい仕事を追い求める人たちのなかには個性的で世間の基準から見たら「変な人」も多く、私がこれまで勤めた会社でも多くの変人や奇人を見てきました。

彼らは、自分が情熱を注ぎ込み創造した技術や商品を心から愛し、世界に新たな価値をもたらすものであると自信を持っていました。創業期のソニーが「『出るクイ』を求む！」という採用広告を出したのは有名な話ですが、常識を常識とせず、「突破」していくイノベーターを求めてきたことを物語っています。

さまざまな困難を突破していく人は自信家が多いと思います。その自信はあながち見当違いではありません。彼らが価値あるものを世の中に送り出す様を何度も見てきました。

なぜ変な人が新たな価値を創出できるのかというと、それは彼らが普通の人とはまったく違う観点から物事を見ているからです。**言い換えると、既存の常識そのものを疑い、その裏に潜む本質を常に追求しているということになります。**

私が入社したときに配属された開発研究所では、木《き》原《はら》信敏《のぶとし》さんが所長をされていました。

テープレコーダーなどの開発で知られていた当時のソニーの専務です。

この開発研究所は「木原学校」とも呼ばれ、さまざまなプロダクトや優秀なエンジニアたちが木原さんの下で育まれ、世に出ていったことが知られています。

私が入社したころの木原さんは、すでに役員で大ベテランになられているにもかかわらず、当時人工知能言語として知られたLISPを熱心に勉強され、その機能を拡張した「木原LISP」なるものを開発されていました。技術の話になると若手や課長・部長たちと楽しそうに談笑されている姿は今でも目に焼きついています。

現在の企業では、成果主義にとらわれるあまり、短期的かつ個人的な目標が設定されてしまいます。これは、非常に明快である一方、社員が自身の目標達成のために利己的になる恐れもあります。

一方、変な人は常に5年、10年先を見通すことに注力します。価値あるものは、短期間だけを見ていてもできないからです。世界に新たな価値をもたらすことに情熱を持っています。彼ら変な人は、「創造する人」と言ってもいいでしょう。

AIが進化する未来では、ものをつくれる人の時代がくるのがあたりまえ

「変な人」は、見通した先の「ストーリー」を組み上げて、「ストーリー」が実現されるようにまっすぐに行動します。結果として、1年ごとの目標設定を基本とする成果主義的な箱からはハミ出してしまいますが、将来の糧を創出する可能性を秘めています。

短期ばかりを見つめてしまい、縮小均衡になった産業や企業に本当に必要なのは、言われたことをやる能力ではなく、言われなくても企画し実行できる能力です。

デジタル技術やAI技術が加速度的に進化した今、データを扱う作業はコンピュータのほうが人間よりもはるかに早く、正確に実行できる分野を広げています。特に、デジタル労働力が急速に実用化されている現在の流れにおいては、人間の仕事は機械にとってかわられるでしょう。人の能力に対する評価はかなり変化していくはずです。

そんな時代には、「ものをつくれる」変な人に追い風が吹いているのは間違いなく、そ

ういう人の相対的価値は高まる一方でしょう。

機械のように正確さを必要とする仕事はコンピュータに任せて、**ものをつくったり、ストーリーを創造したりなど、コンピュータには感知できない非言語情報的なことができる創造する人たちのほうが価値が高くなる未来がくるのは、あたりまえのことです**。

社会の成果主義が進めば進むほど、冷静な洞察力と新たな価値創造への情熱を持った変な人が重宝されることになると思います。そうでなければ産業の将来はないはずです。

ですから、みなさんには、そういうことができる人になることをおすすめします。そうすることによって、日々の仕事を違う角度から見ることができるようになるでしょう。また、自分の仕事が、より大きな社会的な活動となり、深みも増していくでしょう。

AIを使うと、違う世界が見えてくる

ChatGPTの開発により、一般の人もAIが使いやすくなりました。これを使いこなせるかどうかで、近い将来、自分の能力が変わってくるでしょう。

まず大きいのは、AIを使って人間の能力が拡張できるという見方です。

このわかりやすい例が将棋です。将棋の藤井聡太八冠がAIを使って棋譜を研究しているのは有名な話です。藤井八冠に限らず、対局の研究に多くの棋士がAIを使うようになってから人間の棋士の実力は上がっているといわれています。

多くの棋士が、研究にAIを導入してから技量が上がっていることが示されています。これは考えてみれば不思議ではありません。**大量のデータに基づいたAIとひたすら壁打ちトレーニングすれば、棋力が上がるのも納得です。**

次に注目すべきは今まで悪いとみなされていた手法がAIに再評価されることです。

これも将棋の世界ですでに起きています。AIで分析した結果、「古い」と葬り去られた戦術が再評価されることがあります。「悪手だよね」「型古いよね」と思われたアプローチが、深く解析してみると、意外と悪くないかもと再脚光を浴びています。

つまり、データをたくさん入れて解析すると、「悪い」「古い」とみなされていたやり方が実は優れたアプローチだったかもしれないと見直されているわけです。

これはビジネスの世界でも「あるある」になりそうです。

みなさんの周りでも、明確な理由はなくても「やめておいたほうがいい」と過去に言われた事業などがあるはずです。データを使うことで、今まで「やっちゃいかん」といわれていた事業が、「実はよかったかも」と再評価される可能性は低くありません。

時代も変わっているので、もし過去に失敗していても、今回も失敗するとは限りません。法律も変わっている可能性もありますし、社会のニーズや受け入れ方も変わっています。新しいプロジェクトを始めるに際して、「これまでやったことがない」「昔失敗したから」を理由にせずに、もう一回再検討してみる余地はあります。AIは合理的ですから、可能性を広げてくれるツールになるでしょう。

AIは人間の能力を拡張する、AIは手法を再評価する。この二点を意識しておくと、AIを使いこなすことにより、違う世界が見えてくるはずです。

他者の目を気にせず自分なりにまっすぐ歩む

創造する人には転職も有効な手段となります。

今後ますますスペシャリストが求められる時代になることを考慮すると、企業で働く人は複数の分野で多くの経験を積み上げることが重要になるはずです。大企業のなかで異動によって経験を積むのも良いのですが、社会全体に育ててもらうつもりで、意識的な転職によって経験を積み上げる方法もありだと思います。

転職を経験すれば、会社ごとに大きな違いがあり、学びがあります。違う会社での経験を通じて、対応できることのベクトルは増えていきます。

転職は年齢を重ねれば重ねるほど勇気がいりますが、**自分なりにまっすぐ歩んでいくことも非常にエキサイティングなことだと思います。**さまざまな企業で働いた経験は活きることはあっても、無駄にはなりません。

おもしろい仕事を追い求める、変な人から学ぶ、自分なりにまっすぐに歩む。

この３つの仕事の流儀をベースに歩むのが、創造する人には大切です。社会の変容を考えると、これからの世界ではさらにこれらの要素が重要視されるはずです。

人生１００年時代と言われますが、私は75歳ぐらいまでは仕事に携わりたいと考えています。

これまで携わった経験で言えばプラットフォーム開発には7年、ビジネス立ち上げには５年ほどの時間が必要です。私は今60歳ですが、これからの人生で、あと「３－４試合」することを目標としています。これからもおもしろい仕事を追い求め、変な人から学び、自分なりにまっすぐに歩むことを忘れずに進んでいきたいものです。

妄想駆動型人材になろう

「こんな商品があったら便利なのに」「こうしたしくみがあればみんな楽になるのに」と思ったことがある人はどのくらいいるでしょうか。しかし、私たちは大人になるにつれ、何かを考える際に、実現する可能性が高いことを中心に考えるようになってしまいます。**クリエーターになれるかどうかは、いかに妄想できるかにかかっています。**妄想がないとプロダクトもサービスも生まれませんし、つくれません。

その思いついたものが、たとえば世界の一流企業でも実現できる製品になるかどうかはともかくとして「こんなことがあったらいいよね」と常に妄想するのがすべての基本です。

たとえば、Appleは「こんなサービスやプロダクトがあったらいいよね」というアイデアを常にストックしているそうです。そして、毎年、技術の進展と照らし合わせて実現可能かどうかを洗い直しています。アマゾンも同様です。素人からすると「そんなのできるの」と思うようなモデルを考案し、つくる前から特許まで申請しています。たとえば、配送システムとして、商品を飛行船に積み込み、空中からドローンで数分以内に注文者へ届けるシステムや蜂の巣のような高層ビルから配達するしくみなどはすでに申請されています。

　これらを行うのは、もちろん現実化するかもしれないからです。

最近は妄想を現実にしやすい環境が以前よりも整っています。おもしろいことを妄想して、ＳＮＳなどに書き込んでいれば拡散して社内外に賛同者があらわれるかもしれません。起業することも以前よりハードルは低いでしょう。もしＩＴの事業をやろうと思ったなら、以前はサーバーを買ったり、借りたりして初期投資がかなりかかりました。しかし、今ではクラウドサービスを使えば数万円で立ち上げられます。法務や財務もアウトソーシングできるサービスがありますし、これらのジャンルは、近い将来はAIが代行するようになるはずです。**CEO以外の業務はAIに置き換わるといっても言い過ぎではありません。**

　夢物語のように聞こえるかもしれませんが、実は私が前職で取り組んでいたのが最高財務責任者（CFO）のAI化でした。監査や税務などロジカルな判断はコンピュータがもっとも得意です。これは医学領域で病気の診断にAIを使おうとする試みと同じです。

　AIが会社の実務をしてくれれば、創業時に仲間がいなくても起業できます。**そうなれば、経営者はやるべきことに専念できます。**妄想する力は、とても重要な能力なのです。

チャンスをつかむには ネアカであること

ソニー創業者の盛田昭夫が、後進に残された言葉に「常にネアカであれ」というものがあります。

長年、先端技術開発の仕事に携わってきましたが、この言葉の重みを身に染みて感じています。というのも、うまく進んでいくプロジェクトとそうでないプロジェクトは最初のキックオフのときにメンバーによってある程度変わってくるからです。**うまくいかないプロジェクトは、最初の時点でメンバーが口々にプロジェクトのリスクや懸念を述べがちです。**

うまくいく理由ではなく、うまくいかない理由を滔々《とうとう》と語る者もいます。「過去に似たプロジェクトでうまくいかなかった」「時間と予算が十分でない」などなど。

もちろん、リスクを洗い出すことは必要な作業ですが、**最初からうまくいかない想定では成功する可能性も潰しかねません。**

過去にうまくいかなかったとしても、外部環境も変わっていますし、顧客のマインドや嗜好も以前と同じではありません。異なる条件の中で、過去の事例を前提にして「うまくいかない」と言い切るほうが科学的でないようにも映ります。

一方、うまくいくプロジェクトは、メンバーの多くが楽観的で、失敗するとは露にも思っていません。**「何か新しいことができて、楽しそう」という雰囲気がメンバーから湯気のように立っている印象です。**もちろん、技術的な見通しやマーケットの予測もせずに、楽観的というわけではありません。ゴールに対して、勝算が自分たちなりに持てているから、プロジェクト開始当初から楽観的でいられます。

重要なのは同じデータをどう受け取るかです。成功するか失敗するかが半々の手ごたえの場合、「失敗する確率が50%もある」と考えるか、「成功する確率が50%もある」と考えるか。そういう意味では、チャンスをつかむにはネアカであることが欠かせません。

ネアカで楽観的でいると、新しいアプローチを試してみたり、その分野のエキスパートに聞きに行ったり、成功に近づくアクションが自然にできます。結果的に成功に結びつく可能性が高くなります。

ですから、プロジェクトをうまく成功させる人が何度も成功できるのもネアカに関係しているかもしれません。**何度もヒットを飛ばす人たちは総じてネアカといえます。**

そこそこ発展をとげてしまった日本では、長い間「つくる」ことができなくても、先人がつくったものやサービスをうまく運用したり、真似たりする能力があれば会社は安定的に回ってきました。そういう人が高く評価されてきたのです。

ただ、時代は変わりました。足元のビジネス環境を見渡せば、GAFAに象徴されるように、「Winner Takes All（勝者がすべて取る）」の状況です。

これは、ネットワークの発達によって、さまざまな情報が高速で行き交い、豊富な知識が提供されるようになったことが背景にあります。

消費者から高い評価を得た製品やサービスの情報は、インターネットを通じて瞬く間に他の多くの消費者へも伝わり、売上トップの企業は2位以下に大きく先行する事態が生まれました。たとえば、映画、ゲーム、書籍などのエンターテインメントコンテンツでは、ランキング1位のコンテンツとそれ以外のコンテンツは、質的な差をはるかに上回る売上の差になることがあります。

業界トップ企業から下位集団までが同じような規模で同じように均衡する環境はネットワークが未発達だったときの話です。日本が世界に存在感があった時代――つまり、インターネットより前の時代は、同じジャンルの企業間でも、生産性の差は小さく、横並びでした。つまり、「他社と同じであること」に価値がありました。

しかし、現在では勝者になるには他との明確な違いをイチ早くつくる必要があります。

そのためにはＨＯＷでなくＷＨＹが求められます。

つまり、どうやってやるかの前に、なぜそれをやるのかを考え、問題そのものを定義する姿勢です。

日本人の多くは与えられた課題をどう解くかについては長けています。一方で、そもそもなぜそれが問題なのかは考えません。同じ商品やその周辺の製品をつくっていたら、それだけで売上がたつ時代が長かったので、問題そのものが適切かは、これまで考える必要がなかったからです。

しかし、現在のように新しく何かをつくらなければならない時代には、問題設定をしていくのが大切です。最初にそこを間違えていたら、解けても意味はありません。せっかく何かをつくったとしても、ムダな努力になります。

たとえば、みなさんの目の前に片開きのドアがあったとします。開けにくかったらどうしますか。

金具に油を差すかもしれませんし、蝶番《ちょうつがい》のねじをゆるめるかもしれません。取手の調子が悪いのかもしれません。

でも、もしかすると、ドアの設計自体がおかしいかもしれませんし、取手の形状が力を入れてまわしにくい可能性もあります。

多くの人は油を差したり、金具を調整したりに固執しがちですが、開けにくいのは開けにくい構造をしているのかもしれないという地点まで、立ち戻って考えなければいけません。根本的な原因を考えることで初めて最適な解決法が導き出せます。

どうしても私たちは表層的な解を求めがちです。

問題を与えられて、その解をひたすら求めてきた教育の弊害かもしれません。でも、その問い自体を問い直さなければいけない時代になっています。

問いを問い直せば、景色は変わります。材料を与えられて何かをつくれといわれても、その材料を使うのが本当に最適かということから考えなければいけませんし、そうした思考を持つことでよりよいものがつくれるようになります。

自分だけの得意技（スペシャリテ）を持とう

人気を博しているレストランには例外なく得意料理があります。「〇〇を食べるなら、あのレストラン」といった、多くの顧客の記憶に刻まれている得意料理です。これらの料理を「スペシャリテ」というそうです。

「つくれる」人になるにも「〇〇ならばあの人だ」というスペシャリテを持つことが重要です。それが特異な領域であったり、高い難易度を要する業務であったりすると、自然と仕事は集まります。

ソニーでは昔から、「仕事は一番忙しい人に頼め」と言われていました。これは、おいしい料理にありつくには、行列のできる人気店に行くことが近道であるのと同じことです。

頼まれる側も次から次に仕事が舞い込むと忙しいので、すべてに１００％の労力を注ぎ込んでいたら、まともに回りません。どうにかして効率化できないかと考えます。

「ここは前のプロジェクトを流用できないか」

「今やっている別のプロジェクトと重なるから再利用しよう」

などと工夫を凝らします。

そうすると生産性が上がって、より短い時間でアウトプットができて、評判がさらに高くなり、良い循環が生まれます。

得意技を見つけるには、夢中になれることを探すしかない

得意技を見つけるにはどうしたらいいでしょうか。

それは、夢中になれることを探すしかありません。

寝る時間を忘れられるぐらい好きな領域を持つのが得意技を身につける最短距離です。

夢中になれば時間がたつのが気にならなくなりますし、関連情報を自然にインプットするので技がどんどん磨かれます。

ただ、自分が好きでも得意技にならない場合もありますし、自分は大して得意と思っていなくても、他の人から見て得意とされる場合もあります。特に会社員の場合、配属は自分の意志では決められないことも多く、せっかくなので、むしろ得意分野をそこで見つけてもいいでしょう。

たとえば、私は、30数年前にソニーに新卒で入社した頃に、手書き文字認識アルゴリズムの開発チームに加わりました。今でいう第2世代人工知能といわれるものを使って、文字認識を実現したのが最初の仕事です。当時としてはソニー初となるペンコンピュータの

文字認識エンジンとして搭載してもらえました。

この開発に携わったのはたまたまですが、その後の私の「スペシャリテ」創造の礎になりました。30年以上も前に、会社に言われてやった仕事が、現在、第3世代人工知能と言われるディープラーニングなどを中心とした人工知能技術領域を正しく理解し、その利点や弱点を理解するのにたいへん役立っています。

私は文字認識エンジンを世に送り出した後、１９９０年頃に米国の大学に企業留学して、1年間、訪問研究生として滞在しました。

ここではコンピュータグラフィックス（ＣＧ）がとても新しく、私はすっかり心をつかまれて、自ら志願して学びました。ＣＧは１９９３年の映画『ジュラシック・パーク』で導入されて爆発的に広がりますが、当時は軍用としての応用が中心で、民間ではほとんど使われていませんでした。

また、米国では、グラフィカル・ユーザ・インタフェースという言葉が一般的でなかったこの時期に、ユーザ・インタフェースの研究にも取り組みました。**このような学びが、帰国後、プレイステーション事業にかかわった私の「スペシャリテ」となりました。**

当時、コンピュータグラフィックスは、技術分野としては主流ではありませんでした。

私の周囲には「茶谷、なにしてるんだ」と研究テーマに懐疑的な目があったことも事実です。

しかし、当時主流の技術分野に比べると幸運にも競争が穏やかで、自分の関心分野について学び「楽しむこと」ができたのは、何にも代えがたい魅力でした。

周囲に惑わされず「楽しむこと」を追求した人には、スペシャリテができることでしょう。


成功と失敗に対して、覚えておくといいことがあります。


最良なのは、「自分が決めて成功する」。

次は、「自分が決めて失敗する」。

3番目は「他人が決めて成功する」。

最悪なのが「他人が決めて失敗する」。


成功か失敗は時の運もあります。ですから、自分が「楽しむこと」を「自分で決める」。

これを追求すれば、環境にかかわらず、成長できるはずです。

「妄想から始める」という思考法

プロダクトやサービスをつくるには妄想が欠かせません。「こんなのが欲しい」「あんなのがあれば便利だな」とまずは思いをめぐらせることが大切です。ただ、もちろん、「こんなのが欲しい」だけでは形になりません。重要なのは細部まで妄想を張り巡らせる姿勢です。

たとえば、新しいゲーム機を開発したいとしましょう。その場合は、最初にこんな内容のものが欲しいな、と思ったら、それに「未来」をプラスして考えるのがコツです。これからこの世界ではどういったコンテンツが誕生してくるのか、それが登場する時の技術レベルや通信インフラの普及度合はどうなっているかなど、未来がどうなっているかを予想しながらとりかかります。

数年先の見通しになるので、当然、ぼんやりしたイメージになりますが、できる限りリアルな仮説を立てましょう。その頃に電池の容量や半導体の性能、通信インフラがどのくらい向上しているかは正確にはわかりませんが、これまでの経緯や足元の技術水準から見通せるはずです。つまり、ただ妄想するだけではなく、いつも自分の妄想に関連がありそうな分野の情報を収集しておくことも大切になります。

その際、単にコンテンツ、つまりゲームのソフトウェアの中身だけではなく、ビジネスモデルや提供方法についても妄想していくのも大切です。**つまり、販売の道筋まで考えておくことがセットです。**

提供方法というのは、DVDやブルーレイディスクのようなパッケージメディアなのか、オンラインダウンロードなのか、あるいはストリーミング型で提供されるのかなどのことです。また、課金の方法も、無料である程度遊べて、必要に応じて有料アイテムを購入するフリーツープレイ型なのか、それとも定額を払えば遊び放題の月額課金型なのか、またはまったく新しい形態にするのかなど、コンテンツを取り巻くさまざまな要素についてまで考えることは欠かせません。

あらゆる可能性を妄想し、いったん抽象化することによって、将来開発される可能性のあるコンテンツが見えてきます。すると、それを搭載できるゲーム機にはどんな機能が必要なのかがまたより詳しく見えてきます。

先にコンテンツを想定していけば、そこからハードを固められます。先にスペックがあり、そこからできるものを考えるやり方ではないのです。そうすると機器の構成も見えてきます。

最初は妄想ですが、細かく考えていくと、実現可能かどうかも検証できるはずです。たとえば最先端の半導体を使うのならば量産できるキャパはあるのか、コスト的に問題ないのかなども検証していきます。こうやって、妄想を最終的には現実的な視点で検証します。

ただ、出発点は妄想なのです。

というのも、今見えている景色からはあまり大したものは生まれません。**発売が3年後ならば3年後、5年後ならば5年後にどういう社会になっているか妄想してみる。**それも細部まで妄想してみる。まず、妄想することから始めましょう。

ルールは、守るのではなくつくる

050

ビジネスの原則として覚えておいてほしいことがあります。それは、「ルールは守るのではなくつくれ」です。

つくれる人の最終形態は「ルールそのものをつくる」「ゲームチェンジャーになる」です。

近年では、特にこれまでのルールが成立しなくなってきています。言い換えれば、誰もが「ルールをつくる」チャンスがある時代ともいえます。

たとえば医療で、少し前までは「AIで画像診断する」と聞くと不安になる人が多かったはずです。しかし、すでに特定の分野では、AIにしてもらったほうが、人間の医師よりも精度が高いのは周知の事実です。医師の目視よりも機械が明らかに優れているわけです。

このように、すでに医療のルールも変わっています。それにともなって必要となる機器も変わりますし、医者の役割も変わっていくでしょう。

「ルールが変わる」と聞くと、GoogleやAmazonのような世界規模のプラットフォームを意識しますが、そんな超プラットフォーマーになる必要はありませんし、なろうと思ったところで簡単にはなれません。もっと身近なことで十分です。

自分がかかわっている事業領域の**課題を洗い直すことで、整備したり、定義したりする必要のあるルールが見えてくるかもしれません。**

たとえば、プレイステーションはルールを変えました。

ゲームのソフトがこれまでROMカートリッジだったのを、CD-ROMにしたのです。それまでCD-ROMのゲーム機は存在しましたが、その流れを決定づけたのはプレステといっても言い過ぎではないでしょう。

この変化は画期的でした。なぜかというと、人気のあるソフトをすぐ追加で店舗が入荷できるようになったからです。**その結果、ゲーム業界のビジネスモデルを大きく変えました。**

それより前のROMカートリッジには半導体メモリが入っていました。あるソフトが人気でよく売れると、店舗から問屋に追加発注がきます。しかし、ROMカートリッジだと半導体の生産の都合で受注から店舗に並ぶまで3カ月くらいかかりました。

その３カ月の間に需要がしぼみ、売り逃してしまうケースも当然あります。友達に借りて遊んで、もう買う必要ないなと思う人も出てきます。

これを防ぐために、いっぺんに大量に発注する方法もありますが、需要を見誤ると大失敗してしまいます。失敗すると、売れないROMカートリッジを大量に抱えてしまい、行き場を失ったソフトは年始の福袋の中に入れるなど二束三文で処分するしかなくなります。在庫を抱えた問屋が倒産するケースも珍しくありませんでした。

皮肉なことにメーカーはカートリッジの注文を受けた時点で資金を回収しているので、痛くもかゆくもありません。非常にいびつな業界構造です。

これがCD-ROMだと追加の注文から約１週間で店頭に並べられます。リードタイムが10分の１ほどになりました。

ソフトがどのくらい売れるかは出すまではわかりません。最初の売れ行きで、「これ、ヒットしそうだね」くらいはわかりますが、それが30万本なのか１００万本なのかそれ以上なのかは予想できません。

メーカーも、もし売り逃したくない気持ちが強ければ強気に生産するケースもありますが、ある意味ギャンブルです。

CD-ROMならばリードタイムが短いので、まず30万本を生産して、30万本を超えそうだったら10万本だけ追加で生産して、まだ引き合いが強ければさらに10万本と小刻みに対応できます。

つまり、プレイステーションは、メディアを変えることで、ゲームのビジネスモデルをマーケットのユーザーの欲望の大きさに合わせて調整できるように変えたプロダクトともいえます。

他者のつくるエコシステムで生息することは脆弱である

「そうはいっても簡単にルールはつくれないよ」という声も聞こえてきそうですが、**ルールをつくる側に立つ努力はすべきです。**

そうでない場合、あなたは脆弱な環境に身を置いていることになるからです。

少し前になりますが、「Google 八分」という言葉がインターネット上で話題になりました。これは特定のウェブサイトが Google のデータベースから除かれてしまう状態です。こうなってしまうと、Google でいくら検索しても内容が表示されません。対象となるのは犯罪を招きかねないサイトやスパム的な手法で検索順位を向上させるサイトなどといわれていますが、詳しいことはわかっていません。

もし、みなさんが個人で商売をしていて、ホームページがこのような状態になったとしたら、死活問題でしょう。検索で引っかからないわけですから、現代においてはどこにも存在しないのと変わりません。

「これからはSNSの時代だからGoogleとかは関係ない」といわれる方にもリスクがあります。YouTubeやX（旧Twitter）でも、著名なインフルエンサーがコンテンツの問題からアカウントが凍結されるケースが見受けられます。集客に使っていれば、その間の収益に影響しますし、もしYouTubeで収益を得ていれば収益は途絶えます。

もちろん、凍結が解除されれば再開できますが、常にルールに縛られ、そのルールもいつ変わるかわからない状態に身を置くのはビジネスとしては不確実性が高い状態です。

今の時代はアイデアさえあれば個人でもプロダクトやサービスを開発して既存のプラットフォームを使えばビジネスとして成立させられます。

ただ、巨大なエコシステムに依存してしまうと手間は省けますが、プラットフォーマー側の意向に大きく左右されてしまいます。自社製品をAmazonだけで売っているのならば、他のECサイトを使ったり、自社サイトでも売ったりするなどするべきです。**リスクを分散させ、他社に生殺与奪権を握られない体制を少しずつつくってみましょう。**

運営でなく経営の視点を持つ

みなさんが、20代でも30代でも、文系でも理系でも、会社員でもフリーランスだったとしても、「なにかをつくりたい」と考えている人に常に意識してほしいのが経営視点です。経営視点とは、組織の長期的なゴールを意識すること、収益の最大化とコストの最小化を実現することです。

そのためには、「この商品は誰に、どのような価値を提供しているんだろう」という顧客視点で、常に問い続ける姿勢が欠かせません。**誰がお金を払って買ってくれるのか、経営は、最もこの視点を忘れてはいけません。**

特に、これまで続けていた事業をやめるのはとても大変です。つくったプロダクトやサービスの目的が時代にそぐわなかったり、本来の価値を提供できなくなったりしたらやめることを検討する。その権限がなかったら上司に進言してみる。

たとえば、今の時代に移動手段として馬車を売る人はいません。氷を冷蔵用に家庭に売る業者もいないでしょう。

現在の視点から見ると、これらは笑い話に見えるかもしれません。しかし、大きなパラダイムシフトの中にいたら、**昔利益を出していたものをやめることを、決断できないケースが少なくありません。**「まだ売上がそこそこあるから」「赤字ではないから」などの理由で続けてしまって、にっちもさっちもいかなくなる。それではかかわっている人の多くが幸せになれません。

経営視点を持つと、商品やサービスが尻すぼみになりそうなのが見えてきます。**経営視点とは、世の中のニーズとのズレを把握することとも言えます。**

「今のうちの商品は世の中の人たちが欲しがっていない。世の中のニーズにフィットする価値を持ったものは何だろう」と考えられるようにしましょう。もちろん簡単には身につきませんが、経営視点を持つと自ずとそうした思考になり、できるようになっていきます。

何が世の中にフィットするかも、とにかく妄想からスタートです。今の自分たちの事業の中にないプロダクトを考えてもいいですし、あるいは既存のプロダクトやサービスの延長で考えてもいいでしょう。

058 視野を広げて情報を見ておく

価値あるプロダクトやサービスを考える練習としては、他の企業が出しているプロダクトやサービスが参考になります。自分の事業に関係なくても、積極的に「これ何のためにやっているのかな」と考える癖をつけましょう。

たとえば、どこかの会社が電気自動車（EV）を発売したとします。その商品には、何かしらの目的があるはずです。「環境にやさしいから」かもしれませんし、「競合他社が力を入れているから」かもしれません。ただ単純に「これから流行りそうだから」かもしれません。

一方でEVそのものに力をあまり入れていない会社もあります。これは、「電気自動車が解決しようとしている環境問題は、別の方法でも解ける」という他の解を持っているからかもしれません。

このとき、運営の視点だけだと「みんなやっているから、うちもEV」と偏ってしまいがちですが、経営視点があると「本当に解かなきゃいけない問題は環境問題ではないか」と位置付けしなおすことができます。

そうなれば、トヨタ自動車のように電気自動車だけでなく水素自動車の開発にも力を入れるという経営判断も当然出てきますね。

さまざまな情報を、自分の得意分野だけではなく、視野を広げて見ておきましょう。ウェブにはヒット商品の開発者インタビューなどが多く掲載されています。なぜ、このプロダクトが欲しいと思ったか、何を観察していてそのプロダクトをつくろうと考えたのかが細かく記されている記事も少なくありません。

日常のふとしたきっかけが開発の原点であるケースも多い事実に驚きます。そうした認識を持つと、身の回りの風景の見方も変わってくるはずです。

「このプロダクトはなんのために生まれたのだろう」という視点を持てば、ビジネスの種はいくらでもみつかり、新しいプロダクトも思いつきやすくなります。身の回りの出来事を他人事ではなく自分事に変えることができるはずです。

大量の場数を踏むことが大切

「つくれる」人になるのに欠かせないのが智慧です。智慧こそがイノベーションの核心といってもいいでしょう。

「智慧」という言葉を辞書で引くと、「物事の理を悟り、適切に処理する能力。真理を見極める認識力」とあります。**私は特に「真理を見極める認識力」という点に共感しています。**

ビジネスの世界では、「データ」の重要性が叫ばれて久しいですが、私はもう少し丁寧に考える必要があると捉えています。

「データ」を大きさ順に並べたり、似た数値ごとにまとめたりして、そこから法則や傾向などの関係性を見出し、ビジネスの判断材料として利用可能な状態にできれば「知識」になります。「知識」は法則や関係性などで整理されますので、人から人へ簡単に伝達できる状態になっています。

そして、その人それぞれの経験や学びから、「知識」を組み換えたり、一部の「知識」を捨てたり、時には新たな「知識」を加えるなど創造的な作業を経ることによって「智慧」になります。

言い換えれば、**多くの成功や失敗、人生の中で見聞きしてきたこと、そして人との交わりのなかで芽生えた感情など、あらゆるレベルの経験や学びからデータを判断し、新たな価値を創造することが「智慧」といえます。**これは「勘」に近い概念かもしれません。いずれも大量の場数を踏むことによって育まれます。

智慧や勘は、特に不確実性が高い領域で重要性が増します。

たとえばワインづくりです。ワインは、紀元前6000年代のジョージアが発祥地のひとつとして知られていますが、最初から葡萄の実を発酵させると酒になるとわかっていたわけではありません。

「葡萄の木がある」というのは、現実世界の観察から得られる「データ」です。そして、勇気ある最初のひとりが葡萄の実を食べて、食べられるとわかったことが「情報」に当たります。

次に、ある人が、果実が自然に醗酵してできた天然醸造酒を発見し、醗酵という現象を知ります。おそらく、酔う体験をしたはずです。これによって、アルコール飲料をつくる法則や原理が「知識」として人間に蓄えられます。ここまでで、ワインの基本的なつくり方の「知識」を得ることができました。

基本的なワイン醸造の「知識」を習得した人々は、その後よりおいしいワインを求めて、探求を続けました。どういった品種の葡萄を、どういう酵母や樽を使うかなど、膨大な時間と数えきれない試行錯誤を重ねました。その「知識」を蓄え、今の銘醸と呼ばれるワインが生まれました。

ただ、ワインは同じ葡萄を同じ土地でまったく同じように醸造させても味は異なります。毎年、細かな調整が求められます。天候不順で葡萄の糖度が上がらない年、害虫や病気により葡萄が被害に遭う年など、人間が制御できない困難が立ちはだかります。これを克服するのが「智慧」です。

「知識」は法則化されて原理が明確なため、ビジネスやテクノロジーの分野においても真似される可能性が高いといえます。特に現代では「知識」はデジタル化され、瞬時にコピーされます。

一方、「智慧」は、経験から物事の真理や根本を捉える能力です。**後に模倣されたとしても、即座にコピーされることはありません。**デジタルエコノミーの時代においてもAIなどが模倣することのできない領域であり、人間がその能力を発揮できる重要な領域です。つまり、知識の相対的価値はこれから下がり続けるでしょう。

ワインのつくり手のように、あらゆる状況に柔軟に対応できるレジリエンスを身につけることがこれからの時代には不可欠になります。

064

自分が生存権を獲得できる分野は確実に握る

得意分野を持つ重要性をさきほど述べました。「この分野ならばあなただ」となったら社内でも裁量がきくようになりますし、転職するとしても引く手あまたになるでしょう。

ただ、気をつけておくべきなのは、技術は時間とともに陳腐化するということです。入社時に先端だった技術が、退職まで先端技術であり続けることはほとんどありません。

たとえば、家電機器メーカーだと、少し前はトランジスタなどが使われていた製品がクラウドなどできるようになってくると、その機器を開発するエンジニアのスキル自体が不要になります。それ以外の、製品の品質確認をする役割もよりソフトウェア寄りになったり、サイバーセキュリティ関連になったりと、根本的に変わってくるのです。

自分の得意ジャンルが先細りすれば、あなたの存在意義が小さくなります。

ですから、常に世のなかのトレンドに興味を持って、新しい分野を開拓する必要があります。**最近は生涯教育が話題ですが、つくれる人であり続けるにはまさにずっと勉強する姿勢が求められます。**

もちろん、新しい分野を開拓する、新しい技術を身につけることを、年齢を重ねるごとに億劫に思う人もいるでしょう。**ただ、何かひとつをしっかりと身につけておけば、その資産を使って周辺領域を開拓するのはそこまで難しくはありません。**

たとえば、プログラミング言語でしたらC言語がわかっていれば、Java、Pythonと広げるのはそこまで難しくありません。新しい言語が提案されるのは、その時代のニーズとして新しい処理が求められているからです。何かこれまでと違う処理をしたいから、新しい言語が出てきます。ですから、「新しい言語は何のためにあるのか」がわかれば、技術の類推はつきやすくなります。**結局、「なぜこの技術が求められているのか」と問う姿勢が自ずとその時代にあった技術習得につながります。**

今あるビジネスモデルや技術が未来永劫に栄え続けることはありえません。ただ、ベースとなる技術や考えをしっかりと理解していれば、アップデートの意識を持っていれば必要以上に恐れることもありません。また、ChatGPTなどの生成AIでは、プログラミング自体のアシストもしてくれます。新しい技術の力を借りて、自分の守備範囲を広げるのもいいでしょう。

「つくる」力は人生１００年時代を楽しく生きるためにも欠かせない

日本は世界有数の長寿国として知られています。

男女とも平均年齢は80歳を超えています。１９５０年の日本の平均寿命は男性58・０歳、女性61・５歳でしたから、70年を経て日本人は20年以上長く生きるようになりました。２０５０年には女性の平均寿命が90歳を超える試算もあります。

大学を卒業して60歳まで働いても、まだ20年以上の余生があることになります。「人生１００年時代」と考えると、大卒後から60歳までと同じ約40年の歳月を過ごします。

これほどまでに長く生きる時代になりましたが、私たちの生き方はどこまで変わったでしょうか。

平均年齢が60歳の時代は引退後の生活を考える必要はありませんでした。現役を引退した後、仕事中心の生活から趣味や社会貢献中心の生活にシフトさせるのは現実的な選択肢でした。

ただ、今の時代は違います。

会社で定年を迎えても長い老後が待っています。それなのに、定年＝リタイアの価値観はいまだに根強いです。これから先、人生１００年時代になるにつれ、複数の会社を渡り歩いたり、複数の事業を立ち上げたり働き続けることがあたりまえになるはずです。今はその過渡期にあります。

もちろん、死ぬまで働けといいたいわけではありません。

組織で仕事を続けるのか、やめるのか、それとも自分で仕事をするのか、何もしないで趣味に生きるのか。長い時間を何に使うかを真剣に考えてみてはいかがでしょうか。

これは、若い人もそうです。**「長生きしたら金がかかる」「長生きしても年金がほとんどもらえなくなりそうで怖い」と思うのではなく、長生きしてよかったと思える状態をつくりだす。**そのためには、何歳から心構えをし、準備をしていてもいいはずです。

自分の老後に「問題」を設定して、それを解く姿勢が求められます。

もしかしたら、組織にいる人は何も考えなくても日々、課題が下りてきていたかもしれません。しかし、あなたの人生に関しては、誰もあなたがなにを日々すべきかの「問題」は出してくれません。**「つくる」力は長い人生を楽しく生きるためにも欠かせません。**

SNSでつながっている人のおすすめの本やリンク記事には目を通す

妄想を膨らませるには材料があると効果的です。日頃からいろいろな材料に触れている必要があります。

そうした情報をいち早くキャッチするのに有効なのがSNSです。私はFacebookとLinkedInを使っています。

これらでつながっている人たちにはアーリーアダプター（流行に敏感で、自ら情報収集を行い判断する層）の人が多いのが特徴です。**その人たちが「おもしろい」といっている本やリンクの記事などには目を通すようにしています。**

私がいるテクノロジー系やデジタル系の情報だとアーリーアダプターの人が取り上げた本や情報が1年後ぐらいに世の中で話題になるケースがよくあります。見ている時間軸がとても速い人が一定数いるわけです。みなさんなりにそうした人を見つけて、直接面識がなくてもフォローするとトレンドの感度が上がるはずです。

映画もおすすめです。次世代の社会を考えるのには重要なヒントになります。

たとえばＳＦ映画は、制作者がどこまで深く考えているかは別にして、将来を何気なく予測しているケースが珍しくありません。公開から20～30年経ったときに「ああ、そういえばあの映画の描写は現実になったよな」というシーンがよくあります。

有名なエピソードでは半世紀以上前に公開された『２００１年宇宙の旅』で登場するコンピュータが言葉を喋っていたり、カメラでオブジェクト認識したり、顔認識をしたりします。今ではすべて日常の風景ですね。

未来を描く映画は、アイデアになったり、未来予測に使えたりしますので積極的に観るようにしています。

ＳＦ小説も読みますが、映画のほうが細部までつくりこまれているのでより参考になります。

宇宙船の中を描写するとき、映画ではコックピットの装置ひとつひとつまで表現されていますが、小説はそこまで描けない場合も少なくありません。視覚に訴えるのでつくり手も端折らないため、得られる情報量が断然多くなります。

また、特に技術者ならば最新の情報は英語圏の情報が圧倒的です。英語がわからないとテクノロジーを理解するのに時間がかかってしまうのが実情です。**基礎体力として英語は習得しておいたほうがいいでしょう。**

語学はどうすれば上達するかはみなさんとても関心があると思います。極論をいえば、話したいコンテンツ、話さなければいけないコンテンツ、知りたいコンテンツがあるかどうかが重要になります。話したいこと、話さなければいけないことがなければ英語だろうが日本語だろうが話せるようにはなりません。

海外に何年かいればまったく英語が話せなかった人も、少しは話せるようになるのは話さないと生活できないからです。

一方、私がいきなり「魚釣りについて語れ」「手芸について語れ」と言われても日本語ですらまともに語れません。魚釣りや手芸について話す必要もこれまでなかったし、話したいとも思わなかったからです。好きな人だったら何時間でも喋れるはずです。

結局、コンテンツがベースにあって、それを表現する言葉が英語か日本語かということです。

もちろん、英語でしゃべるためには、単語や文法を理解しなければいけませんが、話したい、伝えたい何かがあれば外国語は上達しやすくなるはずです。まず、何を伝えたいかから考えてみましょう。

自分がつくるものが、新しい社会をつくる時代

私には20代の子どもがふたりいるのですが、数年前の年始に驚いたことがあります。年賀状のやり取りをまったくしないのです。年賀状を一切書かず、受け取らず、代わりにＳＮＳのメッセージで新年のあいさつを交わしていました。

時代の流れといってしまえばそれまでですが、年賀状のやりとりがなくなれば郵便局の役割も大きく変わります。年賀状を買ってもらい、年末年始にポストから集めて配達するしくみそのものがいらなくなりつつあります。何よりも多額の売上の損失が起こっています。

このように、ひとつの文化がかつてほど社会から求められなくなることで、社会のしくみそのものが変わります。年賀状だけではありません。

たとえばお金です。

みなさんの身の回りを見渡しても現金をやりとりする機会はめっきり減ったはずです。クレジットカードや電子マネーはもちろんのこと公共料金も電子決済できます。飲食店での支払いもアプリを使って割り勘すらできます。

仮想通貨のような、従来の通貨とはまったく異なるしくみの通貨も登場しています。仮想通貨はインターネット上でやりとりできるお金です。お金を電子化し、銀行などの金融機関を経由しなくても、すばやく安く送金できたり、ものやサービスの代金を払ったりできることを目指しています。

お金はお札や硬貨そのものの素材の価値を表しておらず、その上に乗せられた「信用」によって、価値を生んでいます。そして、その信用を保証するのがお金を発行する国でした。ドルならばアメリカ、円ならば日本です。

一方、仮想通貨は誰でも自由に参加できて、インターネットのシステムをみんなが同じ立場で共同運営しています。データの勝手な変更が難しいブロックチェーンと呼ばれる技術で管理するのが一般的です。

ブロックチェーンはコンピュータネットワーク上で管理する技術で、インターネット上のいくつものコンピュータによって取引の記録を相互に共有し、検証できます。**その名の通り、正しい記録を鎖（チェーン）のようにつないで蓄積することで、記録の勝手な変更**

や不正取引などが防げます。仮想通貨が普及するかどうかはわかりませんが、しくみが根本から違うので、これが流通すれば国や銀行の役割が大きく変わることは理解できるでしょう。

そして、ブロックチェーン技術は通貨や銀行だけでなく社会そのものを変える可能性も秘めています。

ブロックチェーンを使うと、企業間の契約業務や決済手法はガラリと変わります。取引情報が正しいかどうかは、紙の書類ではなく、ブロックチェーン上の情報を参照することで常に確認できるようになるからです。これまでは「社内の誰がハンコをついたか」「第三者の確認が得られたか否か」で、契約書の信頼性を担保していましたが、そうした作業が一切不要になります。

人間が確認作業に関与すると、むしろ改ざんのリスクが高まることになりかねません。結果的にマネジメント層がかかわってきた、稟議や根回し、承認といった一連の社内業務はなくなる可能性もあります。

こう聞くと、「人間がいらなくなるのでは」と疑問を抱かれたかもしれませんが、ブロックチェーンが行き着く先は「ＤＡＯ（分散型自律組織）」と呼ばれる世界です。経営から現場まで人手を一切介さずに自動的にビジネスが展開されていく組織です。現場もマネジメント層も存在せず、いるのは資本家だけです。

絵空事に映るでしょうがすでに海外ではＤＡＯの実証実験も始まっています。

もちろん、こうした世界が訪れるかはわかりませんし、それが良いか悪いかもわかりません。

ただ、つくろうと思えば、まったく新しい社会を「つくる」ことも可能であるということを仮想通貨を通じてご紹介しました。自分がつくるものが新しい社会をつくるという視点は持つべきでしょうし、そうした妄想が新しいビジネスにもつながります。

AIに教えられるのではなく、教える人になる

シンギュラリティという言葉が人々の耳目を集めてしばらく経ちました。シンギュラリティとは、AIが人類の知能を超える「技術的特異点」を意味しています。シンギュラリティ以降は、「人間が何もしなくとも人工知能がより賢い人工知能を生み出す」とされます。人間の手に負えなくなる未来が訪れると指摘する識者も少なくありません。２０４５年にも訪れると言われていますが、２０２２年から急速に普及し、進化している生成AIにより既にシンギュラリティは実現していると考える向きもあるようです。

もちろん、そうした世界が本当に訪れるかはわかりません。

近年のAIの精度の高まりぶりに「人間はもう終わった」「仕事が奪われる」と嘆く声も聞こえますが、みなさんの仕事が今日いきなりなくなることは考えづらいです。

ただ、これから5年先、10年先を見据えた場合、**確実に訪れるのは、AIを教える人とAIに教えてもらう人に二極化した社会です。**

AIに教える人はAIの先生になる人です。

AIはご存じのように学習しなければ応用できません。現在は大量にデータを読み込ませて、ちょっとずつ正解に近づいている感じです。

教える人はこれをもっと効率的に教えてあげる役割です。

野球選手のコーチが球種を教えるだけでなく、どのタイミングで変化球を投げればいいか、どのコースに投げればいいか、教えて投球術を覚えさせるように、AIを育てていきます。これがあらゆる領域で起きます。

そうすると極論を語れば、教える側は第一人者以外、淘汰される時代がくるかもしれません。

AIでなくてもこうした現象はすでに起きています。

たとえば受験指導の分野でしたら、凄腕の講師の授業をネットで配信しています。東京の授業を、北海道にいようと沖縄にいようと受講できる体制が整っています。

教えることに限定すれば、各教科に多くの先生はいりません。

人間にとっては厳しい社会に映るかもしれませんが、これが社会にとって悪いことかはまだわかりません。教える側は雇用が奪われるかもしれませんが、教育格差はなくなります。また、たとえば、神の手と呼ばれるような外科手術の腕を持つ医師のノウハウをロボットに教え込めば、数多くの命を救える可能性が高まります。

こうした世界から距離を置ける世界もあります。芸術です。

AIは現代までの楽曲をすべて読み込ませればモーツァルトっぽい曲をつくれます。ただ、モーツァルト以前の時代までの楽曲をいくら教えてもモーツァルトのような曲をつくれるレベルに至っていないのが現状です。アートの世界はロジックが科学の世界ほどありませんから、AIのクリエイティブ性は人間に現時点では劣ります。

ですから、第一人者になるかクリエイティブな世界に生きるか。このいずれかでないと教える側には現実としてはなかなか回れないかもしれません。

ハードルが高そうに映るかもしれませんが、第一人者になるとしても必ずしもメジャーな領域でなる必要はありません。

ニッチな世界でも第一人者になる、強みをつくることこそAI時代の生き方ともいえるでしょう。

毎日、巨額のお金が燃えていくという意識を持つ

何かをつくるには、もちろんお金がかかります。計画を立て、予算を策定します。予算に応じて、人員を調整し、ゴールを目指します。

予算規模はさまざまです。プレイステーションのような先端技術を投入したシステムや大規模なシステム開発では、年間の開発予算は数百億円規模にも及ぶことがあります。これは毎日1億円以上のお金が燃えていくことを意味します。1億円を1万円札で積み上げると、おおよそ1メートルの高さになります。それが毎日消えてなくなっているわけです。

そう考えると、ひとつひとつの決断にもシビれるものがありました。

「お金のことばかり考えていては良いものはできない」という発想もありますが、お金を考えなければ何もつくれないのもまた事実です。大きな会社の技術者にはお金に対する意識が希薄な人もいますが、お金は切実な問題です。つくる人は「今このくらいのお金を

使っている」という意識を持つことは大切です。

実際に、スタートアップ界隈では人件費などのコストに資金が消えることを「現金を燃やす（Cash-burn、キャッシュバーン）」と表現します。１カ月当たりのコストを「バーンレート」と呼び、手持ち現金で何カ月持つかを飛行機の滑走路に例えて「ランウェイ（滑走路）」と呼びます。**ランウェイが1年未満になると市場からは危険視されます。**

特に、予想外のイベントが起こって、開発の手戻りが起こったり、想定していたようにシステムが機能しなかったりするたびに新たにお金が燃える意識は頭の片隅に置いておくべきです。

また、あなたが責任のある立場ならば、常に頭の中でいくつもの選択肢を用意しておきましょう。「もし、○○が起こったら、こうしよう」と代替案を考えておきます。

プロジェクトの規模が大きければ大きいほど、失敗した場合のインパクトも大きくなります。手戻りが起きたら、どのくらいの費用が必要か、全体の予算がオーバーするから他のどこの部分を削るか。**いざ、問題が起こってから情報を集めたり、考えたりすると、対処への焦りのあまり、筋の悪い対策を選んだりしてしまいかねません。**

問題が起きたとしても、何億も追加でかかる場合と、軽い場合があります。たとえば、サーバ上のプログラムの修正程度で、リリース期日が少し延期されるくらいであれば、追加に発生する費用は軽微です。一方、巨大システム開発で、システムの心臓部である半導体チップを設計しなおさなければいけない場合、数週間の手戻りと、数億円の追加コストが発生します。

常にお金がどのくらいかかっているか、頭の中でパズルのように整理してみてください。文書にする方法もありますが、文書として形にしてしまうと、人によっては考えが固定化されて柔軟な対応が難しくなるというデメリットもあります。状況が日々変わる中では頭の中で常にザクっと整理するほうが現実的かもしれません。

最も重要なのは、「あとどのくらい許容できるのか」の認識です。**そのためにはリターンから考えましょう。**リターンから逆算してこのくらいまでは追加の投資も許容できるとしっかり線引きしておきましょう。

プロジェクトが当初の想定通り進むのは皆無といっていいでしょう。

ただ、どこまでも修正できるものでもありません。結局、失敗に終わるプロジェクトは収支ラインがいつのまにかあいまいになり開発費用が膨らむだけ膨らんでしまいがちです。

なぜ、開発するのか、そしていくらまでならばお金をつぎ込めるのか。

ここさえ忘れなければ失敗をすることはありません。

Chapter 1

「大きな流れ」を意識して勉強しよう

規模の大小にかかわらず、挑戦を成功させる

みなさんは今、何をつくっていますか？

それは何人でやっていますか？

個人で何かをつくっている人も増えているので、ひとりかもしれません。反対に会社で大規模半導体や自動車などの巨大なプロジェクトにかかわっていれば数百人、数千人になるのも珍しくありませんね。

開発費用も開発者個人の給与だけですむレベルから、私がかかわっていたゲーム機など、年数百億円規模の開発までさまざまです。宇宙開発や銀行勘定系システム、インフラ開発などになれば、もっと大規模になるものもあります。

勘違いしがちですが、プロジェクトの規模が小さければやさしく、大きければ難しいわけではありません。

ひとりで開発していてよい点は、構想から仕様・実装まで自分で決めて、自分で変更できる点にあります。**ただ自由な反面、迷いだすと袋小路に入りがちです。**永遠に修正を繰

り返してしまう状態に陥りかねません。

また、仕様や構想を説明し、試してもらう相手がいないと、生煮えの状態で実装や設計に入りかねません。商品・サービスの構造が整理されないため、ちょっとした修正や拡張に必要以上に手間がとられる可能性もあります。

一方で、大規模プロジェクトは、チームに多くの専門家がいて、それを束ねるスタイルが主流です。

それぞれの専門家による検証・設計が可能なため、個々の部分の精度はとてもいいレベルで実現できます。**しかし、大きな開発チームだけに、一度動きだすと、簡単な変更や軌道修正に大変な労力が必要になります。**時には引き返せず、修正不可能という事態になってしまうこともあります。

たとえば、半導体システムの場合で、まだ上位のソフトウェアなどで対応が可能な場合はいいのですが、商品仕様上、期待している性能に到達しなかったり、製品安全上や法規遵守の観点から致命的な場合には、商品導入の延期や商品仕様の変更を強いられます。開発作業の手戻りが発生すれば、開発コストの大幅な上昇に当然つながります。それでは、どうしたらいいでしょうか。次のページから説明します。

プロジェクトがうまくいくかどうかは、メンバーの「しつこさ」による

なぜうまくいくプロジェクトとうまくいかないプロジェクトがあるのでしょうか。途中で開発の仕様の変更が必要になり、ときには頓挫してしまうプロジェクトと、二転三転しながらも無事にリリースにいたるプロジェクトがあります。

その違いは私の経験上、プロジェクトメンバーの「しつこさ」にあります。**「この挑戦には意義があるから絶対やり遂げたいよね」という境地に達しているかいないかの違いです。**

この境地に達するには、序章でもお話ししましたが、「どのような問題を解くのか」の問題定義が非常に重要になります。

挑戦はやめなければいつか成功します。自分の世代では成功できなくても次世代につないで挑戦し続ければいつかは成功します。少なくとも失敗ではありません。医学の進歩はまさにそうですよね。

挑戦をやめたくなる、プロジェクトを投げ出したくなるのは大半が、そもそもの問題設定に疑問を持ってしまうからです。「これって、社会的価値があるのかな」「誰か喜んでくれるのだろうか」とやり続けることに価値を見出せなくなるとモチベーションを失います。

私もプロジェクトに取り組んでいるときは、常に「これ、なんの意味があるのかな」と考えていました。プレイステーションがわかりやすい例ですが、このようなプラットフォーム開発はプロダクトをつくって終わりではなく、成功すれば世の中で長くたくさんの人を楽しませることができます。そこに挑戦する価値があると、メンバーの多くが感じていたと思います。

もちろん、どのような価値を求めるかは人それぞれです。同じプロジェクトにかかわる人でも見出す価値がまったく重なることはありません。**そして、社会的に意義があるといわれようが、自分が価値を見出せなければ続きません。**まず「なぜやるのか」という問題を最初に定義することがプロジェクトを成功させる大きな要因になります。

すべてはやめない

挑戦をやり続けるのもひとつの選択肢ですが、やめるのも同じ価値を持つ選択肢です。「やり続けていれば、いつか成功するだろう」と、いつまでも続けることが必ずしも最適な解とはいえません。実際に先端技術の開発は成功するより、うまくいかない可能性のほうが高いのが現実です。

また、製品化にこぎつけ事業化できたところで、結局売れずに事業から撤退する選択を迫られることも少なくありません。また、開発の中止は世の中の経済情勢や、会社ならその置かれている状況が関係しますのでチームや個人の力では抗いようがない場合もあります。

ここで気をつけなければいけないのは、開発を中止したり、事業から撤退したりすると、すべてを捨てることになりかねない点です。

個人でも、会社でも、得意ジャンルは連綿とした継続性の中で進化していきます。

もちろん、まったく異なる領域から突然変異的な登場をするものもありますが、ふつうは技術の進化の連続性は重要です。

たとえば、ゲームをまったく手掛けていない会社が「明日からプレステを超えるゲーム機をつくるぞ」といったところですぐに実現するのは難しいでしょう。

ですので、その企画自体がストップしても、ほそぼそとでもいいからどこかで続けることをおすすめします。

090

「早すぎる」こともよくあるので、途中でやめないことが大切

新しい技術やサービスが日の目を見ないのにはいくつかの原因があります。ひとつは開発や製品の市場投入のタイミングが早すぎたケースです。

たとえば「空飛ぶクルマ」は、コンセプトは20世紀初頭から存在し、アメリカでは製品にもなりましたが、さっぱり売れませんでした。

電気自動車（EV）もテスラが今世界を席巻していますが、20世紀から多くの企業が研究をしていました。

市場を見渡せばこのような事例はいくらでもあります。

遅すぎる市場参入が商機を逃すのはわかりやすいと思いますが、早すぎても見向きもされないですし、下手すると形にすらなりません。

ソニーでも「5年早すぎた商品」「10年早かった商品」はよくありました。

早すぎた理由はさまざまですが、大きくふたつあります。

技術の成熟度（実用化できる技術がそろっているか）か社会の成熟度（社会が必要としているのか）が不十分だったか、もしくは両方でしょう。

これは正直、運もあります。**特に社会と合わせるのが大変で、ちょっとしたズレでまったくヒットしないことも珍しくありません。**

たとえば、iPadを見ても、似たようなものはすでにありました。

私がソニーに入社して最初にかかわったソニー初のペンコンピュータ「PalmTop（パームトップ）」は、１９９０年に手書き文字認識機能などを実現したタブレット型のコンピュータです。まさしく、iPadの初期型といえますが、当時とても注目を集めた製品でした。その3年後に出たAppleのニュートンも同じように文字認識機能や各種のインテリジェント機能を搭載した未来型のコンピュータです。

しかし、広く普及となると、２０１０年のiPadの登場まで20年近く待つことになります。

092 すぐに役立たなくても、ストックしておく

前のページでお伝えしたように、製品化したタイミングが早かっただけで、商品やサービスの開発の方向性自体はまちがっていないことも多々あります。

ですから、その後競合他社の同じコンセプトの商品がヒットし、「あれ、うちでもやっていたよね」と偉い人が部下にいったときに「担当者が転職してしまって、もういません」のような事態も起こるかもしれません。大企業では事業撤退にともなって技術部隊をまるごと他社に売却するようなケースもあります。個人でも、他人のヒットを見て「もうそのあたりのジャンルはやっていないから、勘所がわからなくなってしまった」ということもあるでしょう。

ですから、せっかくやりはじめたものは、なんとか留めるように努めてみてください。

もちろん、開発の中止や撤退は担当者にとっても残念ですが、長きにわたって第一線で

活躍するためには、ひとつの領域だけにとどまらず、複数のジャンルにかかわることが必要です。知識の幅を広げたり、人脈を広げたりすることが役に立ってきます。

私はソニー時代に、自分のプロジェクトで、社内で過去に凍結されていた開発資産と開発陣をまるごと別で活用した経験があります。開発期間が事実上ゼロに近くなり、早期の開発と市場投入に大きな効果がありました。

当初ターゲットとしていた商品が計画変更になるケースはビジネス上ゼロではありません。しかし開発陣に蓄積された開発ノウハウや知見は一度失ってしまうと戻ってきません。しかしそこで、連続性・継続性を重視するということを知っていれば、もたらされる幸運があるはずです。

重要なのは、すぐに役立てなくても資産としてストックする意識を文化として持っていることです。

始めるのは簡単だが、やめるのは難しい

プロジェクトの進め方には、大きくふたつのタイプがあると思います。

ひとつは、プロジェクトを開始する際のキックオフがとても多い反面、反省会の少ない会社。

もうひとつは、キックオフは少ない一方で、反省会や振り返り会が多い会社です。

つまり、とにかくプロジェクトを始めるのが好きな組織と、始めるよりも開始したプロジェクトの結果を振り返り、組織の知見として取り込むことに重点を置いている組織の2タイプがあるわけです。

ちなみに、今ではずいぶん違うかもしれませんが、ソニーはキックオフをよくやるけど、反省会はほとんどないとよく言われる会社でした。

反省会の開催は意外に簡単ではありません。当たり障りのない改善に終始するケースもありますし、反省して次につなげるという趣旨を逸脱して批判大会になってしまうケースもあります。それならば、キックオフばかりしてひたすら新しいことをやればいいのかというとそれもそれで問題がありそうです。

というのも、1回走り始めてしまうと、会社の事業だとよほどの理由がないとやめるのは難しくなります。

業績がかなり落ち込んだり、景気が世界的に悪化したりしない限り、始めてしまったがために身動きが取れなくなりがちです。会社の事業ではなくてもそうです。**一度複数人がかかわって動き始めてしまうと、始めることの簡単さに比べて、きれいにやめることにもパワーがいります。**

ですから、始めるときには「これ、何のためにやるんだったっけ？」としつこいくらい確認しましょう。ひとりでしたら自問自答を重ね、何人もかかわるプロジェクトでしたらメンバーで話し合いましょう。

「競合他社がやっているから」「世の中のトレンドだから」ではなくて、なぜ自分が取り組まなければいけないのか。**もっと突き詰めれば、「この事業は何を解決したくて、どういうことを実現したいからやるのか」を明確に語れなければやるべきではありません。**

そこを自分の言葉で語れなければプロジェクトの途中で、「これ、何のためにやっているんだっけ？」となりがちです。とはいえ、進みだしてしまっているので投下したコストを考えると、多くの企業は「今やめるのは……」となってしまいます。

そうすると、よくわからないままずっと進んでしまう。**やめられないまま進んでしまうので、当然、いい成果はあまり出ません。**

「何が課題で、それをなぜ解決しようとしているのか」を常に考える。そして、課題そのものは本当に解く価値があるのかどうかも突っ込んで考えてみる。問題が解けたとしても、解いても意味のない問題もあります。「本当にこの問題を解くことによって幸せになる人がいるんだろうか？」と深掘りしてみましょう。

一方、プロジェクト発足当時は価値があっても、時代に見合っていないものもあるでしょう。世の中のテクノロジーも進化しますし、競合他社や自社内から新しい提案も出てきます。「これって、もうそんなにメリットないよね。今となっては社会に貢献できないよね」となるプロジェクトもあるはずです。その場合は、プロジェクトを止めるのが本来は正解です。

プロジェクトの中止は心血を注いできたメンバーにとっては心穏やかでないはずです。時間をかければかけるほどロジックと関係なくやめにくいのが人間的な心理です。熱量がある人ほどあきらめにくいです。**ただ、そのためにプロジェクト発足時に「そもそもこのプロジェクトは何のために？」が意識されているとやめる判断基準になります。**

ソフトウェアが世界を飲み込む

２０１１年、米国の経済紙『ウォールストリートジャーナル（WSJ）』に寄稿されたあるコラムが話題となりました。

コラムのタイトルは、“Software Is Eating the World”。日本語にすると「ソフトウェアが世界を飲み込む」です。

書き手はベンチャーキャピタリストのマーク・アンドリーセンですが、ベンチャーキャピタリストとしてよりも、世界で初めて一般に普及したWebブラウザ「Netscape」の開発者としてのほうが有名でしょう。

彼はこのコラムの中で、多くの産業がソフトウェア企業によって置き換わりつつある現状を指摘し、それがより広範囲の産業に影響を及ぼすと予想しました。アンドリーセンの予想は現実となりました。

たとえば今日、Spotifyで音楽を聴きながら通勤した人がいるはずです。Spotifyは配信のプラットフォームはもちろん、楽曲のデータ管理やあなた好みの音楽を提案してくれるデータ分析などすべてがソフトウェアで制御されています。

これは10年前にはない世界でした。いまやあらゆるジャンルでソフトウェアが中心に商品がつくられています。GAFAがこの10年で隆盛を極めたのもソフトウェアの高度化のおかげといっても過言ではないでしょう。

ソフトウェアが世界を飲み込めたのは、ソフトウェアを動かすコンピュータが高性能化したからです。

スーパーコンピュータの過去30年の性能向上は、5年で10倍、10年で10倍×10倍の１００倍、20年で１００倍×１００倍の１万倍、30年で１００万倍になったともいわれています。

会社が持つ経営資源の中で、これほどの速度で成長している資源はあまりありません。**このコンピュータをいかにして自社の経営の進化のために使えるかどうかが、会社が生き残るための重要なポイントになってきていることは、言うまでもありません。**

世の中のソフトウェア化は、機能や性能を指数関数的に進化させていきます。1年目を2とすると、2年目には4、3年目には8、4年目には16、5年目には32になるわけです。これは進化が2のべき乗（「ａのｎ乗」の形で表される数のこと）と仮定した場合です。もし3のべき乗だったとすると、進化は更に急速になります。この急速な進化がデジタル社会においては、「勝者総取り」（Winner Takes All）の結果を招いています。

こう聞くと、「私、文系だし、プログラミングできないし……」と悲観する方もいるかもしれません。安心してください。私は「プログラミンをしろ」といいたいわけではありません。

意識してほしいのは「世の中におけるソフトウェアの重要性はみなさんがこれまで考えていたよりも高まっている」という現実です。

今後もソフトウェアで分析したり、解明したりする状態は続きます。

ソフトウェアはあらゆる業界で無視できないと認識してください。

そして、自分だったらソフトウェアを使ってどういうことをするか妄想してください。

もちろん、自分の手でつくれれば最良ですが、自分でできなければ誰かにつくってもらえばいいだけです。

つくれないにしても、つくれても、妄想することがはじめの一歩であることは変わりません。そうした意識があれば新たな価値はつくれます。

ストリート・スマートであれ

学校で習う勉強は基礎として重要です。最低限の読み書きや計算はAI時代になろうが、どのような職業に就こうが不可欠です。ただ、社会に出てから人生を振り返ると、自分の人生に大きく役立ったのは、学校以外での学びのほうが圧倒的です。

つまり、いかに世界に向かって好奇心を持ち続けられるかが非常に重要です。

私の場合、中学生のときの趣味が海外の短波放送を聞くことでした。この趣味が今につながっています。

もともと私は運動が大好きな野球少年で、中学生のときは地元の町と米国との姉妹都市の親善試合で市代表チームとして、米国遠征するくらいにのめりこんでいました。しかし、故障してしまって、投手ができなくなってしまいました。

そんなときに、はまったのが短波放送です。時代的に流行っていたのですが、私は短波放送のしくみに興味を持ちました。

短波放送では、たとえば日本で発信した放送が、地球の裏まで届きます。つまり、世界中さまざまな場所で発せられるラジオの放送が、自分の工夫次第で聞けるということに夢中になりました。

地球表面には電離層という、太陽活動により特性が刻々と変化する複数の層があります。電波の周波数によっては吸収層となったり、反射層となったりします。ある種の電離層は地球上の夜の地域で活発になり、短波の周波数帯に対して反射層になります。短波でない中波や極超短波は、吸収されたり、反射されなかったりして届きません。電離層があることによって、不可能を可能にしているのが短波放送なわけです。

ただ短波ラジオを買うだけでは、受信はできません。雑誌記事を見ながら自分でアンテナをつくってようやく達成できます。子ども心に「難局」「珍局」といわれる受信困難な世界中の放送局を受信するのが楽しく遊んでいました。

しかも、「受信できました」と受信報告書を、その国の放送局に送ると受信確認カードやレターをもらうことができます。各局工夫を凝らした受信確認カード（ベリフィケーションカード、略してベリカード）を送ってもらえるので余計に楽しく収集しました。ちなみに、放送局は海外なので、受信報告書も英語やスペイン語で書かなければいけません。学校で「英語を勉強しろ」と言われてもやる気は起きませんが、カードを集めるためには、自分なりに勉強するようになります。夢中になると勉強が苦にならない典型的な例だと思います。

教科書には、「なぜ」についてはそこまで細かく書かれていません。でも、長い人生を考えると重要なのは「なぜ」の部分です。

短波放送がなぜ受信できるのか、どうすれば珍しい放送局の放送を受信できるのか、受信カードをもらうにはどのように英語を使えばいいのかなど、なぜがあるから工夫します。熱中が、スキルを上達させます。

当時、人気の短波ラジオはスカイセンサー５９００という機種でした。今見ても美しいデザインなのですが、これをつくっていたのがソニーでした。

私がソニーを目指したのはこのラジオの影響です。「こんな格好良いラジオをつくっている会社に入りたいな」と思ったのがきっかけでした。中学生でソニー志望でした。でも、ソニーに入るにはどうすればいいのかわかりません。

そこで自分なりに調べてみると、創業者の盛田昭夫が大阪大学の出身でした。私が阪大に進学した理由もそれだけです。当時の私は阪大が難しいかどうかもわからなかったので、同級生に「阪大って難しいの？」と聞いたくらいです。

短波放送にのめりこんだことで、ソニーに行こうと決め、逆算して阪大に進学したのです。

単純に机の上だけの学問の延長ならば今のキャリアはなかったでしょう。

「知識」より「やってみること」のほうが数倍価値のある時代

「とりあえずやってみよう」ということは、想像以上にとても重要です。

たとえば、野球でカーブを投げたい場合、ネットで調べればすぐにわかります。ただ、本当に投げられるかはまったくの別問題ですよね。やってみて初めてわかることは少なくありません。

よくあるのが、何もしていないのに情報だけに触れてわかった気になってしまうことです。**誰かに聞いたり教えてもらったりして理解はしても、実際に自分でやって見ると「あれ？」と思うことはあります。**

こういうことは、やってみて初めて気づきます。

ですから、ただ読んで理解するだけでなく、やってみることを意識してみてください。

たとえば、日本史で戦国時代が好きならば本を読むだけでなく、実際に城をめぐってみたりします。城をめぐってあなたが感じたことは唯一無二の経験でこの世で他にはない体験です。

AIの進化などもあり、知っていることよりも実際にやってみたことのほうが価値が出る時代です。

経験のほうが大きな意味があります。やって見ること、やってみて感じたことのほうがますます重要になる時代を迎えています。

大きなトレンドを意識して勉強する

何かをつくる場合、社会や経済の変化や技術の進化を意識することはとても重要です。私が社会人になった１９８０年代後半を思い出してみても、今との違いに驚きます。

そのころ、駅の改札は自動改札ではなく、駅員が切符を切り、定期券は目視で確認でした。電子メールは個人どころか、使える会社自体がほぼないという状態でした。

それが現在こういう世界になることを予想できていたかというと、大きな方向性は予想できていました。これは私が特別なのではなく、予想していた人はけっこう多かったと思います。私が技術者であることも関係しているかもしれませんが、実は文系理系はあまり関係ありません。**必要なのは、トレンドを先取りする意欲と、その変化によって何が起こるのかを学ぶ姿勢です。**

大きなトレンドを見るためにおすすめなのは、「人口」です。たとえば、どんな技術がこれから流行るかといわれれば、私は自動運転、ロボティクス、人工知能が「三種の神器」になると答えます。「ありふれた答えだな」とみなさんは思われるかもしれません。でも、この3つから未来は大きく広がるでしょう。

日本は高齢者の比率が高くなる高齢社会に突入しています。高齢者が増えるということは、今まで以上に安全な社会を継続していくことが日本の経済にとっても大変重要だということです。高齢になれば、車を自分で運転しにくくなり、自動運転が必要になります。車を持っていなくても、人口が減少するので人手不足の問題もあり、公共交通機関を中心に自動運転が不可欠になります。

十分に体を動かせなくなる人も増えるでしょう。医療の発達で寿命が伸びている今、家事の支援をしてくれるロボティクスの存在感は今よりも格段に高まるはずです。ルンバなどの自動運転の掃除機も、現在はアーリーアダプターな家庭での普及にとどまっているかもしれませんが、今後は家事を担うロボティクスに注目が集まるでしょう。

高齢者になれば体が動かなくなるだけでなく、年齢と共に記憶が不確かになる事態は避けられません。そこで欠かせなくなるのが人工知能です。

このように社会を大きくみれば、どのようなインフラやしくみが必要になるかが見えてきます。

一過性の変化なのか、それが定着するのかを見極める

着目すべきは大きな変化でなくても構いません。身の回りの変化に目を向けるのもトレンドを押さえるひとつの方法です。

たとえば、コロナ禍ではテレワークが普及しましたし、飲食店のテイクアウトが流行りました。テレワークに必要な機器は爆発的に売れましたし、ウーバーイーツが稼げる職業として脚光を浴びました。間違いなく「トレンド」が生まれました。

重要なのは一過性の変化なのか永続的な変化なのかを見極める姿勢です。テレワークやテイクアウトはひとつのスタイルとして定着したきらいがあります。そうなれば確実に需要は存在し、ビジネスチャンスは生まれ続けます。

もちろん、こうした見極めは簡単ではないかもしれません。どのように見極めるかわからない場合は、よく耳にするキーワードに着目するのもひとつの手段です。

たとえばブロックチェーンです。ブロックチェーンについては聞いたことがある人がほとんどでしょうが、社会にどれほどのインパクトがあるかはよくわからない人も少なくないはずです。

そうした場合はとりあえずブロックチェーンに関する本やブログ、YouTube の解説動画を片っ端から見てみましょう。

そうすると、細かい技術はわからなくても輪郭は見えてくるはずです。デジタル通貨に使われていて通貨の概念を変える可能性があったり、会社の組織そのものがまったく違う姿になる可能性があることがわかるでしょう。

もちろん、ブロックチェーンの普及で、どのようなプロダクトやサービスが必要になってくるかまではわからないかもしれませんが、将来の社会のひとつのあり方は見えてくるはずです。

ポジショントークに惑わされないように

社会がどうなり、技術がどう進化していくかを考えるには情報が必要です。

今の時代ほど情報があふれている時代はありません。玉石混交ともいえますが、やはり「いい」情報は多いに越したことはありません。本や雑誌、ネットの記事のほか、一線級の方々の講演会に参加したりと、知見を蓄える方法は多様です。

ただ、ひとつ気を付けなければいけない点があります。確かに非常に便利な世の中になったのですが、情報発信する人が、なぜ発信したのか、その理由を考えることです。たいていは何かしらの意図があります。何か狙いがあるという前提で耳を傾ける姿勢が重要です。ポジショントークに惑わされてはいけません。

非常に示唆に富むメッセージも少なくありませんし、すべての発言を根底から疑う必要はありません。**ただ、発言の根底にある、「仮定」や「仮説」を推測してみると、なぜ発言者がそういったポジションで発言しているか見えてくるはずです。**そして、ある発言がある仮説に基づいているのであれば、その仮説が成立しなくなることはないのだろうかと考えてみましょう。

よく雑誌やメディアなどで、「これからは〇〇〇の時代」「〇〇〇の時代の終焉」といったうたい文句や見出しを見かけると思います。そのフレーズを言っている人がその事象が起こったときの利益関与者なのかどうかを考えてみるのが大事です。

もし、発言者に質問できるのならば、発言者の仮説が見いだせないときは、どういう前提や仮説に立っているのかをはっきりと聞いてみるといいと思います。

どうしても有名な人、発言力のある人の発言には無条件で引っ張られてしまいがちですが、**尖った先進的な意見ほど、極端な仮説を前提に論旨を展開していることも少なくありません。**仮説が否定されてしまえば、逆に論旨は脆弱だったりします。

相手が有名だろうが、無名だろうが、本当なのかと考えるクセをつけてみましょう。

基礎工事がまずい「建築物」はあとで大きな問題になる

基礎工事がまずい建築物は、あとからいろいろな問題を抱えることになります。

小さな問題ならいいのですが、ときには致命的な問題を抱えます。基礎工事がよくないことの問題点は、完成した後に問題が起きてしまい、やり直ししようにもやり直せないという状況であることが少なくないことです。

基礎工事が重要なのは建築物だけではありません。

あらゆるものやサービスの開発に共通しています。そして重要でありながら、疎かになってしまうのも業態を問わず共通しています。

開発の基礎工事を疎かにしてしまう原因のひとつが納期を守るために時間優先で進めてしまう姿勢です。

デジタル製品ならば完成した後にセキュリティーが脆弱だったり、バグが取れなかったり、エラーが頻出したりプロダクトの品質が担保できない状態に陥ります。

では、なぜこのような事態が起きるかというと、個別のことばかりを見て、全体を見ていないからです。

日本では１９９０年代以降、企業の合併が相次ぎました。そこで、システムも統合されましたが会社によっては無理やりシステムをひとつにした企業もあります。

メガバンクのシステムが大規模な不具合を起こすといったことも報道されています。これは、異なるシステムの統合という難易度の高い作業であったのは間違いないですが、全体を見た最適設計にできていたかということに疑問が残ります。

大きな目標を先に設定すべきなのに、なぜかむずかしい

「全体を見る」とは具体的にどういうことかの例をゲーム機で説明しましょう。

基礎工事にあたる部分は、ゲーム機のエンジンとなる半導体のプロセスルールの決定です。この半導体は、ウエハーと呼ばれる板に回路を描いてつくりますが、このとき、回路を描く線の幅を決めます。これがなぜ重要かというと、線が細ければ細いほど小さな回路がつくれるので、小さな面積に多くの容量をつめこめるからです。**コストにダイレクトにつながってきます。**

このとき大切なのは、ゲーム機が実用化される5年後にどれくらいの線幅が実用化されているか、使えるかを予測しておくことです。線幅が細ければ細いほど取れ高がよくなり、ひとつのチップ当たりのコストは下がります。

もちろん、半導体以外の全体の部品点数がどのくらいかも試算します。必要な部品が確保できるかなどサプライチェーンも当然考えます。基礎となる半導体から考え始めて、実際の製造に向けて何が必要かをあぶりだすのが大切です。ここでどれだけ固められるかで

ゲーム機の性能も決まります。**しかし、これはあたりまえといえばあたりまえの作業なのですが、なぜかできないことが多いです。**

それは、部品を見るときに、個別最適に片寄りすぎていて全体最適に目を向けることが少ないからでしょう。

本来、大きな目標がまずあって、次に個別の目標が設計されるべきです。たとえば車でしたら、速く安全に遠くまで走るために、タイヤの役割があり、ブレーキの役割があるはずです。

しかし、もしかしたら車全体の走りやすさを無視してタイヤやブレーキの特性や性能ばかりを追い求めてしまう事態も起きるかもしれません。

たとえば、多くの会社では経理部と財務部と経営管理部など部門ごとのシステムがバラバラなのは珍しくありません。これも、全体を考えていないことの例でしょう。「つくる」場合、基礎を疎かにすると、致命傷にもなりかねません。

それは今の日本企業の多くが物語っています。なにが目的かを、最初にとことん考えることから始めましょう。

「消費者のニーズの先回り」と同じくらい大切な、「仲間のニーズ」の先回り

Apple の創業者のスティーブ・ジョブズは、生前「消費者に何が欲しいかを聞いて製品をつくっていても、それが完成する頃には消費者はさらに新たなものを欲しがっている」という趣旨のスピーチをしました。つまり、「先回り」をして新たな価値を提供することにこそ意義があるということです。

提供する新たな価値は業界や時代によって変わりますが、生み出すための思考は共通するはずです。開発過程で必要な「先回り」にはふたつあります。

ひとつ目はジョブズが言ったように、消費者のニーズの先回りです。

ふたつ目は、上司や同僚からの要求を見越した準備です。何かを欲しいと言われた際に即座に出すことができれば、案件の進行は加速します。また、要求した側からすると、すぐにリアクションがあれば、部下や同僚が同じことを考えていたということが確認でき、プロダクトを市場に送り出すための決断の後押しになります。

ひとつ目の消費者のニーズを大事にしても、ふたつ目をおざなりにする人がいますが、

実は「つくる」人になるにはこの視点が欠かせません。チームで一緒に働くときに、この視点を持つ人がいると、円滑にいきますし、とにかく早く物事が進みます。

先回りは合理的でもあります。

早さは何よりも大切です。

たとえば、ひとつ目の消費者のニーズに応えようとするとき、開発に使える期間はほんのわずかかもしれません。大きな会社だと、事業を担当している部門が欲しいといってから準備していては遅いこともあります。市場で他社に対して圧倒的な違いをつくるために先回りが必要です。

消費者のニーズの先回りと、チームの要求を見越した準備は、車の両輪です。これができると、次の開発に短期間で取り組むという消耗戦も避けることができます。

そのためには、経済情勢、最新のテクノロジー、世の中のインフラの整備状況、消費者のリテラシー成熟度、会社の業績など、多種多様な角度からの情報を把握して分析して「先回り」するしかありません。最初はむだが多く労力がかかるかもしれませんが、この思考を繰り返すことで、先を見通す力は研ぎ澄まされ、かつ効率も上がっていきます。

先を見通す視力を鍛えるふたつの要点

ではどうすれば「先回りする」力を養うことができるでしょうか。

私の経験から言えば、先回りできる人が持っている能力には、大きくふたつあります。

「客観的思考」「中長期的な視点」です。

客観的思考とは、オープンに多様なものを受け入れる姿勢です。

人間は自分の思い込みから逃れることが難しい生き物です。気をつけたところで先入観が邪魔をします。人間は、思い込みで判断するという前提に立って、できる限り既存のルールや概念に囚われないように心がけて、世の中を観察してみてください。

そして、中長期的な視点を心掛けることも大切です。

これもよくいわれることですが、客観的思考と同じで、実行するのは簡単ではありません。

というのも、多くのビジネスマンは、短期サイクルの業務を多く抱えているために、普通に仕事をしているだけでは視点もそちらに引っ張られてしまうからです。

そこにばかり注力してしまうと、将来への「視力」が低下してしまいます。

短期サイクルの業務は、日々の収益の源泉です。しかし、眼の前の出来事に反射的に対処するのが中心となると、中長期的に世界を見通す「視力」の訓練が疎かになります。頭ではわかっていても、常日頃から長いスパンで考える癖をつけておかないと、急にはできません。

自分の日々の業務を少し離れて、業界全体だけでなく、社会も俯瞰的に眺めてみましょう。今のトレンドやこれからのトレンドが見えやすくなります。

「なぜ?」と思うことは想像以上に大切

「なぜ?」の発想はとても大切です。

ソフトウェア業界には昔からよく知られた格言があります。**「面倒くさがり屋はよいソフトウェア屋になる」です。**

ソフトウェアの開発には細かい作業や繰り返しの業務が膨大にあります。誰にとっても面倒なのですが、面倒くさがり屋であればあるほど「やってられないよ」となったときに、自動化したり、コンピュータ制御にしたり、どうにかして効率化できないかを考えます。結果的にそうした人たちによって、組織全体が効率化されます。

自分の仕事を客観視して、「これってなぜやっているか」と疑問を抱くことはさきほどの項目の、「先回り」の一歩にもなります。

仕事とは、「事に仕えること」という解釈を聞いたことがあります。「人」ではなく「事」に仕えることが仕事であるという言説です。これに従えば、「事」といかに向き合うかで仕事の価値が決まります。

江戸前のすし屋に行くと、あらかじめ酢漬けや醤油漬けにしたり、茹でたり煮たりと、旬の魚をより美味しくするための工夫が、先回りして施されています。すし屋は、すしという「事」に向き合い、お客さんから注文を受けるとすぐに最高の状態で出せるようにしています。

かつて、企業価値の世界ランキングにおいて、多くの日本企業は上位を占めていましたが、ここ30年ですっかり姿を消しました。また米国の企業においては、30年前には存在していなかった企業が企業価値のトップ集団を形成するに至っています。

この要因は多岐に及びますが、「先回り」不足も大きな要因でしょう。多くの日本企業は、顧客への価値提供を大切にして、顧客ニーズに応えることを最重要戦略に掲げてきたはずです。しかし、結果は顧客から要望されないプロダクトやサービスを出し続けてきました。今そこにいる目の前の顧客への価値しか考えなかったからでしょう。

私たちは、もう一度「事」と向き合い、リスクとコストを負って、「先回り」することをよしとする仕事を醸成する必要があります。

「あの人はなぜそれを採用したのか」を考える

プロダクトやサービスをつくるのは一筋縄ではいきません。さまざまな問題で中断が起こります。

こういう、従来の計画とは異なる手法を早急に選ばなければならないときはどうしたらいいでしょうか。ここで新たに採用する技術や案をゼロから実験・検証していては時間も費用もかかります。

こういった際に役に立つのが思考実験や机上検証です。最近はコンピュータシミュレーションにより、実際に「もの」をつくらずとも実験できますので、思考実験・机上検証をバックアップできる体制が整ってきています。

そこまで本格的でなくても、思考の材料はいくらでも転がっています。たとえば、他社が採用している技術や新たに提案された技術です。自分のプロジェクトと関連していたり、技術が近かったりする場合は恰好の思考実験の材料になります。**他者がどのような理由からその技術を採用したのか想像するのを習慣化するとよいでしょう。**自社の製品やサービスの優位性を考える参考にもなります。

たとえば商品の小型化を目的に技術Aを採用したとします。Aは小型にするときに優れ、しかしそれ以外の性能はほぼ同じで、その上コストは少しばかりBのほうが安かったとします。こうした状況では、Aがダメだからといって「性能も変わらないし、むしろ割安」とBを採用してはいけません。当初の目標が達成できずに、商品のコンセプトがぶれます。

ここでは、技術Cを模索する必要性が出てきます。

　新製品や新サービスの中には、聞いたり見たりするだけでワクワクするような商品もあれば、そうは思わない商品もあるでしょう。**後者は、たいていはコンセプトと技術やしくみが合致していない可能性が高いです。**

　特に、バランスを欠いた新製品・新サービスの提案は、コンセプト先行、技術先行、ビジネスモデル先行のときが多いです。たとえば、商品がないまま上場し、「コンセプトIPO」と言われた米国企業もありましたが、これらはインターネットの急速な普及に飲まれ、ようやく出した商品も期待をはるかに下回る結果となっています。

　こうした「頭の体操」の力は開発の現場ではすぐには養えません。ですから、普段から、ニュースなどで新製品を見たら、「この技術を使ったほうがいいのでは」「こうした売り方をすればいいのでは」と考える訓練をしてみてください。

もしかすると、その会社がしばらくして改良版を出してくるかもしれませんし、競合他社があなたのアイデアを使った商品を市場投入するかもしれません。反対にあなたの考えとは違った狙いがあってヒット商品になるかもしれません。

思考実験を繰り返していると、視野も広がります。

たとえば、イーロン・マスクの宇宙ビジネスが注目されていますが、彼の会社が考案しているロケットはエンジンがいくつもあるのが特徴です。大きなエンジンをひとつ搭載するのではなく小さなエンジンを束ねる方式を採用しています。

これを「なぜ？」と突き詰めていくと、いろいろな想像が膨らみます。

「小さなエンジンならばこれまでのように広いエンジン工場は要らなくなって、狭いスペースで量産も可能になるな」

「でも、制御は難しくなるのでどうするのかな」

「いくら小さいとはいえあれだけ束ねたら重くなりそうだけど、どうするのだろう」

「素材で工夫するのかな」

などなどさまざまあります。

ひとつの発表でも裏側を想像するだけでいくつもの疑問が出てきます。その疑問に対する自分の答えが正しいかどうかは問題ではありません。商品やサービスの種類によってはいくら調べてもわからないケースも珍しくないでしょう。重要なのはそうした想像を楽しむ姿勢です。

繰り返しになりますが、常に「なぜ」という疑問を持って、世の中を見ておくことが「つくれる」人には不可欠になります。

競合他社の動きを想定するなら人事情報を見る

「つくれる」人になるには自分との戦いだけでなく、市場との戦いにも勝たなければなりません。そのため、競合他社の動きを知っておくことも大変重要です。

競合他社が何をしているかを教えてくれるヒントが人材の移動です。これがもっともわかりやすいサインです。

業界のキーパーソン級でしたら新聞や専門媒体でもニュースになりますが、そうではなくても、会社の採用ウェブサイトに募集の人材情報が掲載されている場合も少なくありません。

各企業がどういった人材を集めようとしているかは、その企業の今後の動きを示唆しています。自社の優秀な社員が引き抜かれて他社に行くなら、引き抜いた企業が何に力を入れたいかをわかりやすく物語っています。

新しい部署やチームの創設も新しい動きを意味しています。大きなプロジェクトでしたら公式にリリースされるケースもあります。上場企業でしたら大々的に発表しなくても、組織変更がホームページに掲載されますので、「この会社ではこうしたビジネスに力を入れるのか」と知ることができます。

もう少し中長期的な予測をする場合には、論文発表も参考になります。テクノロジーの世界では多くの場合は要素技術についての論文が先行します。論文発表から早ければ数年で実用化されます。昨今は大量の論文をAIで解析して、創薬支援をすることが可能になりつつあるようですし、特許と論文から技術戦略を支援するようなサービスも実用化されています。ですから、たとえば競合他社の開発部門が先端技術の論文を発表していたら、彼らのビジネスの方向性がある程度予測可能になります。もしかすると、状況によっては対抗するための技術を獲得する必要がでてくるかもしれません。

こうしたリサーチをすれば、5年くらい先までは業界動向が読めるようになるはずです。

もちろん、人づてや業界のうわさで知る機会もあるでしょうが、一般に公開されている情報だけでも競合他社の動向を推察するには十分な量が集められるはずです。

手軽に、初期費用も少なくつくれる時代になった

社会を構成する技術がどんどん変化していく現代では、自社がかかわる技術分野が不変であることはプロダクトやサービスを生み出す会社においてはありえないといっても言い過ぎではないでしょう。これはあたりまえの話なのですが、自社や自分のことになると見落としがちです。

必要とされる技術の変化だけでなく、自社でどのくらい自前でやるかの範囲も変わってきているのが最近の特徴です。特にここ20年ほどはメーカーといえど、すべてを丸抱えする必要がなくなってきています。

たとえば、Appleは iPhoneの心臓部となるチップを自社で設計していますが、製造は外部に委託しています。半導体の受託製造で、世界的な大企業になった台湾のTSMCのような企業もあります。

こうした環境の変化は、私たちひとりひとりのレベルでも恩恵をもたらしました。たとえば、誰もが起業しやすくなりました。以前でしたらＩＴサービスの企業を立ち上げよう

としたら、サーバーを買って、データセンターを借りて……と初期投資が１００万円単位で必要でしたが、今ではAmazonやMicrosoftなどのクラウドサービスを使えば、手間もお金も大幅に軽減できます。会計など煩雑に思われがちな作業もアウトソーシングできますし、オフィスもシェアオフィスを使えば安く借りられます。**「つくる」ことに専念できる環境が整った時代といえるでしょう。**

ソフトウェアでプロダクトやサービスをつくれる時代になったので、大規模な設備投資をしなくても、機能を簡単に変えたり、進化させたりできるようになりました。試行錯誤を重ねやすくなったので、参入障壁も以前に比べて確実に下がりました。

つまり、新しい価値を新しい顧客に誰もが提供しやすい時代になりました。一方、参入が簡単になったので、競争が激しくなり、プロダクトやサービスの賞味期限が短くなったともいえます。

もちろん、自社のスタイルをあえて変えないという選択肢もあります。老舗の和菓子メーカーのように、あえて変えないのも戦略のひとつでしょう。ただ、よいプロダクトやサービスがどんどん出やすい環境にあるという認識だけは不可欠です。

カンブリア爆発状態になってきた仮想現実の未来

AIの能力が近年、飛躍的に向上しているのは誰もが認めざるを得ない事実でしょう。この背景には「深層学習」があります。簡単にいえば、AIに大量のデータを学習させることができたことにより、認識の精度が劇的に高まりました。画像認識を皮切りに、社会のあらゆる場所で自動化に拍車がかかっています。

画像認識の精度が高まったということは、「ロボットに目が誕生した」ことを意味します。**生き物に目ができると、爆発的な進化がおきます。**古生代5億4000万年前ごろのカンブリア爆発は、「目の誕生」によって引き起こされたというのが有力な説です。

海底に生息する生物の中で三葉虫が初めて本格的な目を備え、強力なハンターとなったことから、食べられる側も遊泳能力を発達させて生存競争が激化し、進化のアクセルが一気に踏み込まれたといわれています。

古生物学者のアンドリュー・パーカーによれば、目を持つ生物の出現で生存競争のルールが一変するゲームチェンジが生じ、それが進化に劇的な加速を引き起こしたとされています。

もっともこのカンブリア爆発については異説もあって、カンブリア紀に硬い体構造を得た生物の化石が多く残ったことから生物種の爆発的増加が起こったように見えるという説もあることをここに加えておきます。

では、現代においてカンブリア爆発のような劇的なデジタル処理能力の進化は何をもたらすのでしょうか。

そのひとつの解が、仮想現実の到来です。

バーチャル空間でアバターや施設をつくって交流できる仮想現実「メタバース」が昨今は話題ですが、まさにデジタル技術の進化のたまものです。

現代は、ライフスタイルを変えるクラスの商品が生まれるチャンス

仮想現実の大きなメリットのひとつは、映像を通じて、あたかも対象物がそこにあるかのような感覚を得られることです。メタバースの欠点ともいわれる、邪魔なヘッドマウントディスプレイのような装置をつけずとも、大型のディスプレイやタブレットなどの比較的大きな映像表示装置で代替も可能です。

すでにビジネスの世界では、テレプレゼンスといって、離れた拠点にある会議室をテレビ会議システムでつなぎ、まるで同じ会議室で会議しているようなしくみが提供されています。

もちろん、仮想現実社会では会議だけでなく、研修や製品・サービスの開発、商品発表の場としての利用など、さまざまな可能性があります。仮想現実が一般化すれば、リモート勤務が加速するでしょう。

コミュニケーションは顔を合わせるのがベストですが、世界中の優秀な人材を地球上のどこか一か所に集めるのは至難の業です。コロナ禍でオンラインでのミーティングは加速

しましたが、より違和感なく、ぎこちないところがなくなるでしょう。

また、このしくみを家庭用に横展開すれば、大きな市場が待っているかもしれません。たとえば、学校や会社の都合で両親や家族と一緒に住むことができない人なら、テクノロジーの進展で「遠隔同居」が実現するかもしれません。

ディスプレイ装置は液晶や有機ELといった素材の進化により、解像度、分解する能力が右肩上がりに高まっています。すでに、技術的には壁面などもディスプレイを「貼る」場所として活用できます。工夫して、複数のディスプレイを置ければ数か所で離れている家族と仮想的にではあるにせよ、会話をしながら一緒に夕食を取る風景も珍しくなくなるかもしれません。このように、仮想現実が進化することで、まだまだアイデア次第でライフスタイルを変えるチャンスがあります。

特に、日本はシニアの人口が増えていくので、それに合わせて仮想現実により新たな生活スタイルが生み出され、たくさんのビジネスチャンスがあります。

現在の技術の延長線上にどのような社会が待っているか、可能になるかを想像してみるのも「つくる」上ではおもしろいかもしれません。

壮大な技術の陰には、私たちへの恩恵もある

今、宇宙は非常に身近な存在になりつつあります。私は結婚したころ、「死ぬまでに宇宙に行けるかな」と妻と話していましたが、民間人でも金額を考えなければ宇宙は手が届く位置にあります。テスラ社長でもあるイーロン・マスクが率いるスペースXは、宇宙ロケットを今日の航空機のように再利用できるようにすれば、宇宙への到達は１００分の１の費用で実現できると語っています。

もちろん、今、宇宙は話題ですが、そのスケールはさまざまです。「宇宙旅行をしよう」という計画から火星に人類を送り込もうとするプロジェクトまで一括りにはとてもできません。

地球に住めなくなったときの脱出先としての選択肢として模索しているプロジェクトもありますし、ニューフロンティアの探索として位置づけているプロジェクトもあります。地球では重力の影響を受けてしまい、地球の地上面では重力による対流が起こります。こういった地上でつくれない均質で良質な結晶体や薬品をつくろうという計画もあります。

目的はそれぞれ違いますが、どれも興味深いです。

ひとついえるのは、人類が一丸となって取り組むこのようなプロジェクトがあると、一般への技術波及が物凄く大きくなるはずです。よく知られている事実ですが、戦争が起きると技術が大きく進展します。今では私たちの生活に欠かせないレーダーや缶詰は第二次世界大戦末期に米軍によって発明されました。

私の仕事に欠かせなかったコンピュータグラフィックスももともとは軍事用途に開発が進みました。セガ（現セガサミーホールディングス）のアーケードゲーム「バーチャファイター」は今でも記憶に残る名作ですが、アーケードゲーム機のボードをセガと共同開発したのが航空機メーカーのマーティン・マリエッタ（現ロッキード・マーティン）であったこともそれを物語っています。

宇宙に人類が旅立てば、壮大なプロジェクトがいくつも立ち上がるはずです。火星探索や惑星間移動のような研究も進むでしょう。**そこからどのような技術が派生するか、どのような用途開拓ができるかに思いを巡らすとビジネスチャンスが転がっているはずです。**

Chapter 2

知識やアイデアを使ってみる

チームの意思疎通は思っている何倍も大事

ものをつくる場合、誰かとチームをつくることが多いでしょう。一緒に働く場合、特にプロダクトやサービスを共に「つくる」ときに気をつけなければいけないのは、**「前提を共有できているか」です。**

自分がしっかり伝えたと思っていても、相手が違う解釈をしているケースもよくあります。こちらの意図がしっかり伝わっているのか常に確認しておかないと、プロダクトやサービスがある程度できあがってからズレに気づくという事態を招きかねません。**早い段階で意識のギャップの差を埋めないと取り返しのつかない事態になってしまいます。**

特に日本人同士では「そこまで言わなくてもわかっているよね」ということを積み重ねてしまい、後の祭りになることがあります。どのようなプロジェクトでも時間との戦いです。**時間がないときこそ意思疎通を徹底しましょう。**

ズレに気づくヒントは間違いなくあります。何気ない会話や議論で「あれ？　なんかかみあわないな」と思うときがあるはずです。その違和感を決して見過ごさないことです。

相手の発言に違和感があれば、「なぜ相手がそう答えたか」を考えてみてください。その答えの背景が見えてきます。なぜそう理解しているかを推測しながら、改めて話してみると認識の違いの原因にたどり着くでしょう。

ここで言ってはダメなのは「わかっている？」「理解しているかな？」のような問いです。というのも、「わかっている？」と聞かれて「わかりません」と答える人は非常に少数です。私の経験上、多くの人は「理解したと思います」「大筋はわかりました」と答えます。**でも、こう答える人の大半はわかっていません。**

「理解したと思います」はあくまでも聞き手の主観の返答です。こちらが意図した通りに理解してくれているかはわかりません。ですから、「ちゃんと理解してもらえたかな？」と自分の中で意識しておくのが重要な姿勢になります。

バックボーンが違う人たちが、同じ前提を共有できるわけがない

一時SNS上をにぎわせた、「頭が赤い魚を食べる猫」問題というものがあります。みなさんは、「頭が赤い魚を食べる猫」と聞いて何を思い浮かべましたか。

実はこれは5種類の解釈ができます。

①頭が赤い、魚を食べる猫
↓猫の頭が赤い
②頭が赤い魚を、食べる猫
↓魚の頭が赤い
③頭が、赤い魚を食べる、猫
↓猫の頭が赤い魚を食べている
④頭が、赤い魚を食べる猫
↓頭だけ、魚を食べる猫（他は猫じゃない）

⑤頭が、赤い、魚を食べる猫
↓頭が赤い猫が魚を食べている（頭以外の色は不明）

「さすがに無理がある解釈もあるでしょ」と思われるかもしれませんが、人の思い込みほど危険なものはありません。こんなシンプルな一文でも解釈はさまざまなのです。ですから、関係者が多ければ多いほどコミュニケーションには注意するべきです。

それぞれのバックグラウンドの違いによって、コミュニケーション上の齟齬《そご》は頻発します。ゲーム機の開発なら、半導体システム、通信システム、OS、グラフィックシステム、サウンドシステム、熱設計など、数多くの各分野のエキスパートの集団がひとつのプロジェクトとしてかかわります。全員が同じ前提を共有できると思わないくらいで正しいと思いませんか？

多くのメンバーは自分の分野の領域の常識を当然として、コミュニケーションしますので、乖離は大きくなります。乖離に早期に気づき、大きな手戻りを未然に防ぐ姿勢が欠かせません。

大きなトレンドを知ったら、より具体的に「使う」ことを考える

これまで大きなトレンドを意識することの重要性については何度か強調してきました。トレンドを押さえるには、ニュースを見るのはもちろん、アンテナの高い人のＳＮＳをフォローしたり、若者の行動に注目したり、さまざまな方法があります。時にはＳＦ映画などで将来のトレンドに思いを巡らすのも良いかもしれません。

トレンドを勉強したら「どう使うか」が次のステップになります。

大きなトレンドを理解したら、その要素に注目してみましょう。プロダクトやサービスを支える技術やインフラです。

たとえば、電気自動車（EV）がこれから本格的に流行すると理解したとします。そこでは、バッテリーの性能はどうだろうか、充電ステーションは足りているのだろうかと考えます。

また、いくら技術やインフラが整ってきても、そもそも大勢に受け入れられるか、社会の意識はどうだろうかと思いを巡らします。環境に配慮したプロダクトが受け入れられる

マーケットは十分だろうか、もう一歩踏み込めるのならば、法律などの制度は整っているだろうかなどにも注目しましょう。

というのも、もしかすると、あなたがつくろうとしているプロダクトやサービスについて補助金が検討されているかもしれません。その場合、有望な商品となる可能性が高まります。**補助金が出る領域というのは国がなんとかして伸ばそうとしている領域でもあるからです。**

こうしたトレンドを支える要素が見えてくると「これはトレンドから外れていてうまくいかないかも」「これは確実に追い風だな」などと推測できるようになります。こうやって、捕まえたトレンドが具体的に「使える」ようになります。もちろん、推測ですので１００％は当たりませんが、精度はかなり高まります。

実際に「使える」ようになるには、少しずつ自分の推測が正しいかを試してみるのがベストです。「とりあえず、ちょっとやってみる」ことはみなさんが思っている以上に重要なことです。

アンテナを高くして、自分のジャンル全体の情報はチェックしておく

たとえば、あなたが誰かを家に招いてディナーをつくる場合、当日にぶっつけ本番で新しい調理法を取り入れたり、つくったことのない料理を出したりはしないはずです。

プロの料理人も何度も試作して、お客さんに出すメニューとして取り入れます。試し続けることで、試行錯誤している間に世の中で「王道」と呼ばれている方法よりも効率的な方法にたどり着くことも珍しくありません。

プロの料理人の中にはレシピサイトの「クックパッド」を見ている人が少なくないそうです。クックパッドは、アマチュアとはいえおいしくて人気のあるレシピがすぐ見られます。**インターネット上で何人もの人たちのアイデアが集まったものですが、プロにとってもヒントの宝庫のようです。**

プロの料理人は正当な料理法を正面から学んでいますが、その常識にとらわれずに、トレンドを押さえようとするアンテナを高くしているからこそなせる業ともいえます。

こうした姿勢はどの分野でも大切です。

ある技術だったら、情報収集した中でも使えそうなものを実験的なシステムで試しておいて、どのような結果になるのか検証しておく。商用化のときに初めて使うとなると、本格的には使いづらくなってしまいます。

また、あるシステムを開発・設計したとします。そのシステムがいよいよ商用化される段階に入ってくると、ユーザーテストで、システムの開発者や設計者が想定しなかったような使われ方をすることが少なくありません。

開発者や設計者にとってはたとえ「想定外」の操作であっても、システムが止まってしまったり、故障したり、ユーザーの安全を脅かさないようにする必要があります。

ユーザーの方々が怪我をするようなことがあってはならないので、商用化の前に「想定外」も含むさまざまな使われ方・使われる状況を想定しておくことが重要です。

ちょっとずつ試してみるのはいつからでもできます。ぜひ、やってみてください。

雑談は、アイデアをブラッシュアップするための重要な要因

社会人になって最初によく言われるのが「報連相」の重要性です。報告、連絡、相談です。ただ、私が誰かに言われて強烈に残っているのが、「報連相よりも、雑相をしろ」です。雑談、相談です。

というのも、報告と連絡は簡単にできても、「相談しろといわれたところで、気軽に相談できないよな……」というのが多くの人の本音ではないでしょうか。**雑談できる関係がないと相談しにくいのが現実です。**

雑談できる関係を構築しておくことは仕事を円滑に進める上で欠かせません。**特に何かを「つくろう」とする人にはとりわけ重要になるはずです。**イノベーションの種は誰かひとりのアイデアというよりは、いろいろなものの組み合わせだったりします。

たとえば、電球を発明した人はエジソンといわれていますが、あれは正確ではありません。フィラメントのある電球の原理すら発明していません。彼は「フィラメントの材料を改良し、実用的な電球を発売した人」というのが正しい理解です。発明は時空を超えた多

くの人のコラボーレーションの歴史です。
「つくる」現場にはこうした事例が多くあります。本人は重要だと思っていないけれども、他の要素と掛け合わせると大化けする可能性に満ちた技術が転がっています。ここで、雑談が重要になります。**自分がおもしろくないと思っていても、相手にとってはめちゃくちゃおもしろく、雑談の中でブラッシュアップされていくことがあります。**

ですから、部署どころか会社にもかかわりなく、多くの人と雑談してください。私は今でも退社したソニーや楽天の人と食事に行きます。別に旧交を温めているわけではありません。大半は同じ部署になったこともありません。ただ、同じ会社にいたから状況はよくわかっていますし共通の知人もいます。気軽に雑談できるわけです。

今の時代は雑談がしやすい環境です。今ではＳＮＳがあります。

とくに、Facebookは「おじさんＳＮＳ」といわれますが、ある程度顔が見え、情報量もまとまっており、近況を知るには適しています。Facebookでつながっている人がおもしろそうなことをシェアしたり、情報を探したりしていたら、Facebookで気軽に雑談してみる。話が盛り上がれば会ってみるなどするといいでしょう。

ヒットはこれまでのものを「組み合わせ」でできる

開発の仕事に長らく携わっていると、ある技術要素を見れば、それらをどう組み合わせたら、これまでになかった新しいプロダクトやサービスがつくれそうかという推察ができるようになってきます。

これは、技術による開発だけではありません。新しいものを生み出すときに共通する思考だと思います。

ヒット商品をつくるための思考は、料理に似ています。一流の料理人は、旬の食材を見事に使いこなし、見たこともない新しい料理をつくりあげます。技術者も最終形のプロダクトやサービスに仕上げるのに、何が必要かを考えます。足りない技術は何か、それはすぐに実用化されるのか、されないのかといった入手可能性も含めて、「構想」を練ります。

スティーブ・ジョブズは、毎年、技術の棚卸しをしていたそうです。**製品に採用できそうな新技術を常にウォッチして、リストアップしていたといわれています。**流行りそうな技術に目をつけておくことで、他社に遅れることなく商用導入を実現できます。実用化がまだできない技術には、試作を多数重ね、即座に商用化できるように備える姿勢が重要になります。

私は30年以上にわたってデジタル技術を基盤にした研究開発にかかわってきました。具体的にはゲーム機をはじめとして一般ユーザ向けのプラットフォームやナノミクロンの半導体から地球スケールのクラウドサービスまで長期スパンで開発してきましたが、そうした経験の中で、「新メニューの開発」にはいくつかの「文法」があるのではないかと思うようになりました。

たとえば、料理は基本的に、肉や魚などのメインの素材を、調味料などで「加工」する作業です。このときに、定番料理のもとの「素材を換える」ことでおいしい料理が生まれるという文法があります。

わかりやすい法則としては、前菜の定番である「生ハムとメロン」という組み合わせです。**これを生ハムとメロンだからと考えずに、「果物＋やや脂の多い肉系素材」と抽象度の高い関係性に置き換えてみます。**そうすることで「桃と豚背脂」のようなメニューを新たに創造できます。

暖かいものを冷たい料理として出す「物理パラメータを逆にする」文法も参考になるか

もしれません。技術開発をするときは、欠点と思われていることを、逆に積極的に活用する例もあります。

今日では、デジタル機器に欠かすことができない半導体がその好例です。

金属のような電流を良く通す導体と、逆に電流をまったく通さない不導体がありますが、半導体はどちらでもない中途半端な素材であると考えられていました。つまり、使い勝手がよくない素材として、長らく注目されていませんでした。

ところが、不純物が混じっている半導体は、その不純物内にある電流運搬の担い手を制御することで、導体にも不導体にもできなかった物理現象を実現できることがわかりました。**こういった物理特性が電気信号の増幅やオン・オフといった機能として使えるという発見・発明からさまざまな用途への提案が始まり、巨大な半導体産業となっています。**

この半導体の増幅・スイッチング機能は電子機器にはなくてはならない必須のものになっていて、今では、ラジオやテレビ、コンピュータやスマートフォンでも活用されて、私たちの生活には不可欠になっています。

未知の料理を創造するには、新しい「調理法」の開発も必要です。このあたりは、われわれ技術者が新しいデバイスを創造するときに、製造方法、特に量産方法から考え始めることと、よく似ています。

料理も、ずっと同じレシピがおいしいと思われるわけではありません。もちろん人々の好みや調理器具の進化などの変化が起きます。

クリエイターも、進化が劇的に速いデジタル技術を活用してプロダクトやサービスを構築するには、常に「最新の情報」を意識しなければなりません。それに、王道の考え方を組み合わせてつくりましょう。

突飛なヒットはありません。地道に思えるかもしれませんが、それがいちばんの近道です。

やったことのないテーマも、詳しい人に教えてもらえるなら飛び込んでOK

とはいえ、新しい分野で何か新しいプロジェクトをするとなると、個人レベルではカバーできない幅広い知識や知見が必要になってきます。**このとき重要なのが「その知識を持っているほかの人」です。**

自分には知見や経験が少ないテーマに取り組む状況となったときには、その領域に明るい社内外の人に即座に相談しましょう。問題解決が一気に進みます。**そんな人がいてくれたら、あなたは全然知らないテーマにも思い切って取り組めます。**もちろん、「そんな相談ができる人はいません」という人もいるかもしれません。雑談、相談の重要性はお話ししましたが、日ごろからアンテナを立てて多くの人と触れ合う姿勢が大事になります。

私の場合、ソニー時代にグローバルに数百人の開発陣を持っていたときには、毎日数名ずつから話を聞いていました。ひとり当たり30分ほど時間をもらって、これまでやってきたこと、現在担当していること、将来やりたいと思っていることの3つを聞くだけですが、今振り返っても大変有意義でした。

特に重要なのは「将来やりたいこと」です。**というのも、優秀なエンジニアがやりたい分野は、技術的に今後重要になる可能性が高い領域といえるからです。**聞く側も新たな勉強になりますし、開発のヒントにもなります。プロジェクトで、そういった領域の重要性が出てきたときに、そのメンバーに加わってもらうこともできます。

もちろん、これは管理職ならではのヒアリングスタイルですが（なので、今管理職の方やこれからなる方はぜひ行うと有意義だと思います）、そうではなくても、どんどん雑談をすればいいのです。**誰もがこっそりおもしろいことを考えていたり、自分で勉強したりしているわけですが、それはオフィシャルな会議では絶対にわかりません。**

勉強会に参加したり、ＳＮＳでつながったりと、多くの人と交流できる土壌は整っています。そういった人たちが関心を持っていることはあなたの開発のヒントになるはずです。スタートアップでしたら会社単位で交流して新しいものを生み出すのもありでしょう。

新しい挑戦をするときに、よくあるのは外部からエキスパートをスカウトすることです。しかし、採用からするには少なくとも数カ月かかります。それよりは、センスがある人が横展開して得意ジャンルを拡大することを私はおすすめします。

他社のコンテンツや技術も組み合わせてヒットを妄想しよう

オープンイノベーションという言葉をビジネスの現場で聞くようになりました。新しいヒット商品をつくるために、外部の会社や自治体と連携するしくみのことですね。

オープンイノベーションの本質とは「社外の技術を積極的に活用する」という狭い意味だけではありません。**私は「社内と社外のアイデアの組み合わせで、自社だけでは実現不可能だった新たな価値創造、事業創造、産業創造」と解釈しています。**

日本企業の開発の歴史は丸抱えによる開発の歴史でした。自社やグループ内でハードからソフト、人材まですべてを手当てしてきました。

それは自動車を中心に成功モデルになりましたが、時代とともにプロダクトやサービスのしくみはどんどん複雑になりました。そうして、自社開発だけでは開発が間に合わなくなり、社外との深い協力が必要になってきました。

オープンイノベーション時代にこれまで以上に問われる能力は妄想力です。

自社以外のコンテンツや技術を組み合わせて何ができるかを妄想する。

複数の要素から生み出される可能性のあるプロダクトやサービスを「脳内開発」できるかが求められます。

これは人間にしかできません。

多くの要素技術の組み合わせを総当たり的に予想して、最適解を導き出すのは今の人工知能では簡単ではありません。**つくり手としてのこれまでの経験をもとにした妄想力、構想力に依存せざるをえません。**

サイエンスからビジネスに到達するには

最近、「テック企業」がなくなるという話を、よく耳にするようになりました。近い将来にすべての分野のあらゆる企業が「テック企業」となるため、「テック企業」という言葉自体が死語になるという主張です。テクノロジーを会社の中心に取り込む行為が、ごく普通になることを意味しています。

すでに、先端的なテクノロジーなしでは、新たなプロダクトやサービスの開発がままならない状況でもあります。大学発のスタートアップに注目も集まっています。先端テクノロジーが日本復活の起爆剤として、各方面から大きな期待を集めています。

現在のテック企業、そして将来のすべての企業にとって、ビジネス成立のための重要な要素は、サイエンスとエンジニアリングです。

サイエンスの成果のひとつとして、学術論文があります。

学術論文は多くの場合、ある条件を設定し、その下で成立する事実や論理性の証明です。前提とした条件が変わったり、より広い状況を想定したりした場合、論文の証明は、当然ですが保証されません。

ですから、論文で仮説が証明できても、即座にビジネスにはつながりません。サイエンスが成立していても、ビジネスの成立にはなかなか至りませんが、多くの企業はこの落とし穴にはまりがちです。

研究室で新薬が開発できたとしても、すぐに実用化できるわけではありません。安全性は十分か、量産体制は整えられるか、どのような物流網をつくるかなどビジネスに発展させるには化学式にはあらわれない変数がたくさんあります。これに対応するのがエンジニアリングです。

エンジニアリングは、さまざまなケースを想定して安全性を維持し性能を確保します。**いわば、エンジニアリングは実世界の多様な条件に耐えられる力をビジネスに与える役割といえます。**

つまり、サイエンスとビジネスの間には、エンジニアリングという大きな海があります。大きくて広く、そしてときには荒れたエンジアリングの海を渡り切らないと、サイエンスからビジネスには到達できません。

形骸化しているルールやかつてのヒット商品はあえて壊す

世の中は常に変化します。これは誰もが頭では理解しています。**しかしながら、多くの会社は一度決まりごとを決めたら、死んでもそれを遵守しようとします。**目的のためのルールがいつのまにかルールありきになってしまいがちです。「社内ポリス」がいっぱい生まれて、逸脱したら烈火のごとく怒ります。

特に、ヒット商品などがある場合、同じことを踏襲したり、新しいものをつくりだそうとするときに大変な抵抗が起こることもあります。たとえば慣習となっている行動や、企画のフォーマットなど、社内の決まりごとやルールなどもそうです。

しかし、これからの時代は新しいものをつくるためには、ルールを壊すことも意識しなければいけません。

プレイステーションの開発現場でよくいわれていた言葉があります。

「人にビジネスモデルを崩されるぐらいならば自分で崩したほうがいい」

人に崩されるというのは、他社からかなり攻め込まれる状態です。そのような状態に追い込まれる可能性が少しでもあるのならば、**自分で自分のビジネスモデルを潰して次のフェーズにいったほうが中長期的にはプラスになるという発想です。**

今までのやり方を踏襲し続けてしまい、年月がたって通用しなくなったあとには、すでに打つ手はありません。

リソースは全部旧来型のモデルに注《つ》ぎ込んでいるので、いざ新しい方法を試そうとしたところで、ノウハウもそれを支える技術者も育っていないからです。新しいビジネスモデルに軸足を移したくても、誰もそのモデルのことをわかりません。

当初、もとになる前提をつくった人たちは、なぜそうしたルールやプロセスが必要かを理解していました。そのとき、特定の条件が成立しなかったら、違うルールにしようと考えていたはずです。ただ、次の世代の中には、なぜそのルールをつくったのかを理解してない人もいます。年月が経てばその割合も増えます。**これまで長い間にわたってうまく機能してきた成功プロセスを壊すのには勇気がいるし、なぜ必要だったのかの理由がわかっていないので壊せません。**

column 01

オープンソースは「無料」という幻想に打ち勝つ

共通のツールとしてオープンソースのソフトを活用している人も多いでしょう。

オープンソースは誰でも無償で使えるソースコードのことです。
誰でもアクセスできるように設計されていて、ソースコードの利用や改変、商用利用などが可能なので「オープン」ソースと言われます。みなさんに身近なオープンソースとしてはWordPressがあります。そのソースの規定によりますが、質の高いソースコードを、自由に自社商品に取り込めるわけです。

オープンソースのソフトウェアの進化は企業同士の競争力強化につながります。

というのも、**オープンソースを支えるには技量の高いエンジニアが不可欠です。**そうした人たちを雇用することで、企業はオープンソースを使った商品をいち早くつくり、市場に投入することが可能になります。

ですから、大企業の多くはオープンソースに優秀なエンジニアを張り付けています。

オープンソースのコミュニティでは常に何かしらの議論がされています。

たとえばバグの修正があります。リクエストがユーザーからあるとみんなで議論して、「これはちゃんと取り込んだほうがいいよね」のように試行錯誤を重ねて進化を続けています。

また、オープンソースに貢献するコミッターと言われるエンジニアを多く雇用する会社は、そういったエンジニアがいない企業に比べると、エンジニアコミュニティでの知名度が高くなります。いいエンジニアがよりいいエンジニアを入社に導くというスパイラルが生まれ、人材の質がますます高まります。

普通、有能なエンジニアを雇用するにはお金がかかります。特に世界レベルのエンジニアの給与は高く、プロスポーツ選手と同レベルの人材も少なくありませんので、オープンソースがいい呼び水になります。

オープンソースのソフトは多くありますが、完全に無料で運営されているので、栄枯盛衰もあります。また、みんなが必死に進化させようと思って議論しても、進化するとは限りません。

誰もメンテナンスをしなくなれば、セキュリティ上の問題が見つかっても、コミュニティがまったく対処せずだれも責任をとりません。

こうなると、セキュリティ上の問題を自社で対処する羽目になり、何のためにオープンソースを活用したかがわからなくなります。必ずしもオープンソースだから安全で無料ではなく、むしろ危険なケースもあるわけです。

ソフトウェア経営としては常識ですがこうしたリスクは意外にも知られていません。みなさんも会社で有料のソフトウェアを買おうとすると「オープンソース版ないの？」と聞かれるケースもあるはずです。しかし、将来もしかして危険にさらされるケースもあるかもしれないということはぜひ知っておきましょう。

ソフトウェアそのものは無料であることは間違いありませんが、それを十分な競争力を維持する形で活用するには、それなりの開発投資が必須ですし、リスクも付きまとう現実を知っておきましょう。

AIがある未来をたくさん考えられる人が勝つ

AIをサービスの受け手の視点で捉えると、これまでには考えられなかった世界が見えてきます。**この世界をたくさん妄想できる人が、次の時代を変えるプロダクトを生み出すかもしれません。**

ここからは、さまざまなジャンル別に、AIのある未来についてちょっと試しに考えてみましょう。

たとえば、AIを使えるようになった世界は私たちの健康も大きく変えるでしょう。ロジカルな判断が得意なAIにとって医療分野はその能力を発揮できるフィールドです。画像診断などでの貢献はすでに目を見張るものがあります。大病の予防や治療でも活用が見込まれますが、薬の世界も大きく変えるでしょう。

これまでの薬による治療は平均的な症状や患者を想定した対処法が中心でした。薬の量も統計的データに基づき、適正量が決められているのが通常です。たとえば、大人3錠、子ども1錠といった具合です。

これに対して、今後の医療は、それぞれの患者の状態・状況を最大限に理解し、それに対する最適な対処を施すようになるでしょう。**個人化（パーソナル化）された医療が実現するはずです。**

身長、体重だけでなく、人によって遺伝子も違います。腸内細菌の数も違います。日々の行動や食生活も違います。これまでの技術では実現できなかっただけで非常に合理的ですし、目指すべき姿ともいえます。

すでに生体や外部からの信号に呼応して挙動を変える薬の研究も進んでいます。

薬が体内で「自律的」に作動するわけです。

ロボットだけでなく、薬も知性を持って、自己判断で治療していく夢のような世界は現実のものとなっています。このような未来は、遠い将来ではなく、確実に数年後に訪れるでしょう。

3Dプリンタは飛行機や培養肉さえつくれる

次は、3Dプリンタがつくる未来です。

10年ほど前の話になりますが、3Dプリンタで製造したピストルを所持していた大学職員が逮捕される事件が起き、衝撃が走りました。3Dプリンタのみで製造したわけではないという報道もありましたが、押収された5丁のうち2丁が殺傷能力を持つレベルと報じられました。裏社会でしか流通していないとされた拳銃を、私たちと変わらない社会生活を送っている人が簡単に製造してしまったわけです。

3Dプリンタの原理はシンプルです。

3D CADツールでつくった物体のデータを輪切りにします。

この輪切りにした断面を一段ずつ積み重ねることで最終的に3次元の物体になります。

一層ずつ樹脂を載せて、形成します。樹脂を固める方法としては紫外線などの光を用いる方法、熱により溶かして一体としていく方法、接着剤を噴射するなどで固めていく方法などがあります。

削り出しではつくれない中空形状ができるのも特徴です。

工作する人の技量に依存しないため、データからそのまま試作品を見たい場合などに大変重宝される機器となりました。気軽に3次元の物体ができあがる様は見ごたえがあります。

3Dプリンタは個人のホビー用途や試作向けが主な用途でした。

プリンタの精度もあまり高くなかったので、産業や最終製品の製造には使いにくいというイメージがありました。しかし近年では、装置、材料、ソフトウェアの進化があり、産業向けの装置として利用する企業が増えています。

たとえば、航空業界では、ボーイングやエアバス、宇宙産業でスペースXやNASAが3Dプリンタで製造した部品を活用していると報じられています。

また、フォードはアメリカで3Dプリンタと自動搬送装置を組み合わせて、自動車のカスタム部品を自動でつくり続ける生産システムを築いています。

3Dプリンタは工業用の部品だけでなく、培養肉の製造にも使われています。

まず、家畜から生きたままの状態で種細胞を採取します。

培養液で細胞を生育し、缶状のバイオリアクターに移して大量に増殖させます。3Dプリンタなどで3次元組織を構築すれば、本物の肉のような形や食感を再現できます。

味や脂肪分、形などを組み合わせた「食肉のデータ化」ができれば、3Dプリンタでどこにいようが自由に培養肉を「印刷」できるようになります。

こうなれば、将来人口爆発や環境問題により懸念されている世界規模での食料不足や環境問題を大きく変える可能性もあります。

3Dプリンタのメリットは「誰でもメーカーになれる」点にあります。

最近ではコワーキングスペースに3Dプリンタやレーザー加工機などが備えられているケースもあります。

まずは3Dプリンタを使ってみて、「新しいビジネスをつくれるかな」「これまでと違う新しいやり方ができるかな」と試してみるのもいいでしょう。気軽にいろいろ試せる3Dプリンタは「つくれる」人の強い武器になるでしょう。

「ネットワーク」は「昔はネットワークって言ってたよね」という過去の言葉になる

「5G（第5世代移動通信システム）」は２０２０年に実用化されています。これは無線の国際標準の通信規格で、すでに便利さを享受している人も多いはずです。「何となく通信が速くなった気がする」というイメージを持っている人も少なくないでしょうが、5Gになったときに、利便性はケタ違いに高まっています。通信規格は、ほぼ10年で世代交代が訪れます。世代が代わると通信速度が速くなり、送れる情報量も増えます。

たとえば、5Gは4Gの１００倍の速さで、情報量は１０００倍になります。具体的な変化を挙げると、２時間の映画のダウンロードは、4Gで2時間ほどかかったのが、5Gでは秒単位になります。

もう少し正確に5Gの説明をすると、これまでの世代のモバイル網と比べて、３点で大きく変わります。

通信データの遅れが極めて小さくなる「超低遅延」。

4Kビデオや8Kビデオのような大きなデータを送受信できる「広帯域」。

そして、これまで以上に多くの端末やIoTデバイスを接続することができるようになる「多端末接続」です。

「超低遅延」、つまり遅延が小さいということはどういうことかというと「つながった先が近くに感じる」ことです。**たとえば、ビデオ通話で、画像と会話に切れ目がなくなり、まるでリアルと同じように話せるようになります。**

「広帯域」というのは、「つながった先の様子がリアルに見える」ことを意味します。

そして、「多端末接続」は、5Gネットワークを通じて、無限に近い入出力信号をやり取りできることになります。つまり、「超低遅延」「広帯域」「他端末接続」で実現する世界ではネットで接続した先が、あたかもみなさんのすぐ隣りに存在しているかのような感覚を得られることになります。

4Gまでの世界では、通信がつながったり切れたりするため、「ネットワーク」を強く意識せざるをえませんでした。しかし、5G以降の世界ではヒトとコンテンツの関係では「ネットワーク」の意識がどんどん消えていくはずです。**そして、それはまったく新しいコンテンツの誕生を意味します。**

5Gのある未来も、多様な可能性がある

ここまで5Gの説明が長くなりましたが、ここから、5Gのある未来について考えます。たとえば、遠くに住む老親との関係も5G以降の世界は大きく変えるでしょう。「超低遅延」「広帯域」を活用して、親と自分の部屋のふたつを常時接続させてしまえば、あたかも「遠隔同居」という新たな世界が生まれます。

２０３５年までには5Gによる経済規模は12兆ドルを超えると試算されています（米半導体大手クアルコムの調査）。

「超低遅延」社会になったら、カメラとロボットを組み合わせれば遠隔手術も実現するでしょう。そうすれば、手術の得意な名医が、さまざまな場所での治療ができるようになります。

あるいは、地球の裏側と結んだ遠隔教育も日常の光景になるはずです。リアルタイムの翻訳も可能になるでしょうから、もし日本語しか話せなくても、世界中の人とオンライン

会議で自国語同士でスムーズに世界の人と会話ができるようになるでしょう。

自動運転を可能にするのも「超低遅延」により、走行中の周囲の環境のデータを常に収集し、分析できるようになるからです。

これらは夢物語ではなく、すでに実用化に向けて動き出している事例です。

5Gを使うことで、ＳＦ映画が描いてきたようなまったく新しい世界が「つくる」人の舞台になっていきます。

エンタメ業界は5Gでまったく違う風景になる

「超低遅延」「広帯域」「多端末接続」を可能にする5Gネットワークの可能性をもう少し見ていきましょう。

5Gはエンターテインメントコンテンツに進化を促すはずです。

最近のゲームは、「クラウドゲーミング」が一般的になっています。

これによって、ゲームコンテンツをパッケージで供給したり、ダウンロードで配信したりすることもなく、手軽に即時にゲームをプレイすることが可能になりました。

このクラウドゲーミングも、5Gの「超低遅延」性能の産物です。サーバとクライアント機器の間のデータ転送遅延を解消し、ゲームプレイの快適さを大きく変えました。

具体的には、サーバ側でゲームコンテンツをレンダリング（描画）して、描画した結果をインターネット越しにストリーミングデータとして配信し、クライアント機器（スマホ、PC、ゲーム機）側で再生できるしくみです。

5Gの「広帯域」を活かすと複数の映像やデータを、同時並行で送受信することができます。

これによって、スポーツトレーニングや映像系教材などの新たなプラットフォームやアプリケーションの出現も予想できます。

これまでの放送では、会場に複数のカメラが設置されてはいても、放送を送信する側で、どのカメラが写したものを送るかを切り替えて送信してきました。

しかし、**5Gの「広帯域」では技術的に会場にあるすべてのカメラからの映像をすべて家庭に送り、見ている人がカメラを選択するようなこともできます。**実際、すでに野球スタジアムに何十台ものカメラを置いて、自由に自分が好きな視点で見られることも実現されつつあります。

受信側に強力なコンピュータを導入することで、それらの何十台ものカメラから生成される自由視点映像を自分の好みの角度や場所から再構成することも実現できそうです。

また、5Gが可能にする「多端末接続」は、現在のゲームの弱点を大きく補ってくれる可能性があります。

たとえば、スタジアムのような1カ所に多くのゲームプレイヤーを集合させた状態で、レーシングゲームやスポーツゲームのような遅延があると成立しないゲームコンテンツを新たに楽しめるようになります。すでにeスポーツとして、こういったコンテンツの世界大会なども開かれていることから、5Gの活用により、さらに大きな発展が見込める領域だと思います。

ゲームを中心としたエンタメだけでも5Gを使う前提になると、これまでとはまったく異なる風景が見られることがわかります。あなたのジャンルではどのような未来がくるか、ぜひ考えてみてください。

ロボットが同僚になる日

みなさんの同僚がロボットになるかもしれません。CEO 以外すべて、AIがオペレーションする組織ができる可能性についてはお話ししました。

ロボットはすでにみなさんの職場に溶け込んでいます。ファミレスなどでロボットがトレイを運んでくるケースはすでに珍しくありませんね。

工場では昔から製造ロボットがラインの一部に組み込まれています。工程の一部を人、一部をロボットが担当して最終製品に仕上げています。これらは考え方によっては同僚といえるでしょう。

ロボットを敵とみるか仲間とみるかは見方が分かれます。ロボットがどのような仕事を奪うかは今でも多くの議論が交わされていますが、昔から雇用がロボットに奪われる懸念は存在しました。

たとえば、アメリカで電話サービスが開始された頃、電話をつなぐのはオペレーターの仕事でした。当時はこのオペレーターを女性が担っていましたが、急激に電話の利用が増えたため、アメリカのすべての女性をオペレーターにしても、足りないというシミュレーション結果も出ていました。

しかし、交換機が発明され、オペレーターを介さない電話接続が可能になりました。オペレーターは海外からのコレクトコール（受信人払い）などの特殊なケースを除いて不要となりました。交換機が仕事を奪ったともいえますが、人手不足を補ったとも捉えられます。

産業の歴史を見れば、一定の雇用が失われても、社会全体では新しい雇用が生まれてきました。１９８０年代にはパソコンが企業に普及し、生産性が向上し、タイピストや文書整理係の雇用が破壊されました。一方、その代わりにソフトウェア設計者が登場しました。歴史が繰り返すならば、短期間では特定の職種が破壊されるような状況が生まれても、悲観する必要はありません。

ただ、最近のAIの性能を見る限り、広範囲な職種に影響が出るのは間違いありません。ビル・ゲイツなどはロボット税を呼びかけています。みなさんもみなさんの同僚もほぼ税金を払っているでしょう。ロボットが人と同じ仕事を（少なくとも長期的には）安いコストでこなすと、税金の払い手が減ります。ロボット税を導入すれば、雇用を奪う自動化を遅らせる一方、集めた税収で人間の労働者が支払う税金の減少分を埋め合わせることができます。今押し寄せているロボットの波はこれまでの機械化とは違う波かもしれません(そもそもロボットは何かの定義についての議論はここではわきにおきます)。

ロボットが価値判断さえできるようになれば政治家の代わりをAIができるのではという議論もあります。異なる価値判断に基づいてリソースを配分することは政治家の仕事ですが、人工知能が価値判断できるようになれば、代替は難しくないとの主張もあります。

ロボットが政治に参画することで、これまでよりも豊かな国民生活への指針が定められるかもしれません。「まるでＳＦの世界だ」と思われるでしょうが、今のテクノロジーの進化スピードでは決して夢物語ではありません。

テクノロジーがすでに人間の雇用を妨げているとする主張もあれば、ロボット税の導入など、技術革新そのものにとって新たな足かせになるという主張もあります。

それほど、テクノロジーは私たちの世界を大きく変えています。

ただ、テクノロジーの進化は止まりません。**ロボットが主役となる時代がくることだけはまちがいありません。**

自動運転はパラダイムを変える

ロボットほどのインパクトはないかもしれませんが、自動運転も私たちの生活を大きく変えます。生活が変わればそこには当然、新たなビジネスが生まれます。ここではどのようなビジネスの可能性があるのかを見ていきます。

自動運転と聞くと遠い将来の出来事のように思えるでしょうが、すでに実用段階にあります。

自動運転には技術レベルで5段階あります。

レベル1は「自動ブレーキなどの運転支援」、レベル2が「高速道路で遅い車を自動で追い越すなど高度な運転支援」になります。レベル1、2は運転するのはあくまでも人です。レベル3は「あらかじめ設定した場所や環境で自動運転し、緊急時は人が操作」するレベルです。レベル4になると「あらかじめ設定した場所や環境で緊急時も含めて自動運転」になります。

そして、レベル５は「完全自動運転」です。何の条件もない状態です。車に興味がない多くの人が想像する自動運転はこの状態でしょう。

今の実用レベルは３と４の間ですが、一部にレベル５と思えるものも出始めています。すでに、渋滞時の高速道路で自動走行する技術を搭載した車は市販されています。

レベル４になると特定の場所に限っては完全自動で走行するので運転手がいらなくなります。天候が悪化したり、救急車が接近したりしても、人間が運転を引き継がないで、システムが対応します。

もちろん、特定の場所といっても、高速道路などルートが限られたエリアが想定さていますから市街地は当面難しいでしょう。

とはいえ、日本では２０２５年にレベル４の自家用車での普及を目指していますから、完全自動運転があたりまえの時代はそう遠くないかもしれません。特にレベル４では、バス型車両については運転免許などの資格は必要ないとされています。自家用車ではどうなるかはわかりませんがペーパードライバーでも確実に車が身近になるはずです。

自動運転があたりまえになった世界で生まれるビジネスを考えてみよう

では、自動運転があたりまえの時代になると、何が起こるでしょうか。

最大の変化は運転の概念でしょう。まず、車内の空間をどう使うかを多くの人が考えるようになるはずです。

運転する必要がなくなるので、仕事をする人もいるでしょうし、車を娯楽の空間と考える人もいるでしょう。

たとえば、ゴルフをした帰りに同じ方向に帰る人たちで車内で宴会もできます。運転する必要がないので、お酒も飲めますし、密閉された空間なのでカラオケもできます。

そうなると、そこに新たなサービスが生まれる可能性があります。自動運転車のとなりに、酒やつまみを売る自動運転車が横づけして販売するサービスが登場するかもしれません。心置きなく飲めるように横づけするトイレ車も出てくるかもしれません。

自動運転の特性を生かして、生活に密着したサービスも生まれるでしょう。日本では東京や大阪など大都市以外の多くの地域では自動車がないと移動が難しいですが、そういう場所ほど高齢化によって自分での運転が難しくなっています。

また、車の運転ができなくなると、地方では店舗に出向いて買い物するのが難しい「買い物難民」も生まれます。一方、バスや電車などを動かすには運転手が必要でお金の関係で廃線が増えています。

移動手段がなくなっている地域は少なくなく、「レベル４」のバスなどの無人輸送サービスは地域の新しい足として期待されています。政府は２０２５年度までに40地域でこうした実験を展開予定です。

ただ、住居が点在しているような地方だと、巡回の無人輸送サービスを走らせるのも簡単ではありません。

ですから、自動運転車が高齢者の自宅に向かうサービスもありえるでしょう。お店や行政が1件ずつ回ってあげる。車内に設置してあるモニターを使ってオンラインで会話して、売買や手続きができるようにする。

人口動態の大きな変化に伴い大きな意識変化が社会として必要となってくるはずです。

都市部でしたら、街中を走っている車を自宅に呼び出して、足腰の悪い方でも買い物や病院に気軽に行けるようになるかもしれません。ウーバーの自動運転車版のようなサービスですね。

また、地域を問わず増えるのが高齢者の見守りサービスでしょう。

一方、少子高齢化で見守られる側に対して見守る側の人手は絶対に不足します。通常は室内に設置したモニターで見守りながら、定期的に自動運転車で巡回してロボットで点検するなどテクノロジーを組み合わせたサービスの需要も生まれるはずです。

もちろん、今でもウーバーや宅配会社の見守りサービスがありますが、よりテクノロジーでカバーできる領域は広がるはずです。

そして、自動運転は一例です。これまで見てきたように、多くの分野でテクノロジーが社会課題を解決しようとしています。

「医療の分野でAIが普及したら」「核融合が実用化されたら」などなど、そのとき、どのような世界が広がるかを想像すると、実現するには何が足りないかも見えてきます。
そこに「つくる」人の出番が生まれます。
大きなパラダイムシフトが社会サービスを大きく変える可能性を常に意識しましょう。

モノのインターネットが世界を変える

今の私たちの暮らしを支えるのがモノのインターネット（IoT）化です。

たとえば、スマホの健康管理のアプリがあてはまります。体重計がスマートフォンと連動して、毎日体重データを自動的にネットに上げてくれ、日々の体重の変化をグラフにしてくれるのは、モノのインターネット化のおかげです。

どういうしくみかというと、私たちのそばに置かれたカメラやセンサーといった機器が、データを受け取ります。そのデータはネットワークを経由して、ネット上のコンピュータに送られます。ネット上のコンピュータは、分析や解析といった情報処理を行い、再び私たちにとって価値のある情報として提供してくれるというものです。

前項で取りあげた自動運転もそうです。

自動運転車はカメラやレーダーなどで周囲の状況を認識し、AIが判断し、その判断をもとにハンドルやブレーキを自動で操作しています。車の周囲に置かれた数多くのセンサーから障害物、他の自動車・自転車・歩行者などを検知し、取るべき車線やルートなどを判断し、車の動きに反映させています。

モノのインターネット化は私たちとコンピュータの関係が大きく変わったことを物語っています。

これまで私たちはコンピュータを「操作」して、コンピュータに指示を与えてきました。ところがモノのインターネットが普及した世界では、ユーザーがコンピュータを「操作」することはあまり重要ではありません。**ユーザーが歩く、座る、話すといった自然な「動作」がそのままコンピュータの入力情報になります。**

「操作」は不要になり、「動作」がコンピュータとの対話の中心になります。動作だと、当然、コンピュータを「操作」する場合に比べて、指示は明確でない場合もあります。

結果的に、コンピュータがより賢く、私たちの意図や気持ちを理解してくれる必要があります。**つまりモノのインターネット化は、モノが接続された先にAIのような私たちの意図を理解し、正しく反応してくれる処理が生まれたことの裏返しでもあります。**

モノのインターネット化は急速に加速しています。

みなさんの周りを見渡しても、インターネットにつながっているものが増えてきているのではないでしょうか（もちろん、家庭によって差はありますが）。

テレビやビデオレコーダーなどの時代（１９７０－１９８０年代）は、テレビやラジオは年間１００万台も売れるとヒット商品の仲間入りでした。その後ゲーム機（１９９０－２０００年代）は年間１０００万台から２０００万台、そしてiPhoneのようなスマートフォン時代（２０００－２０１０年代）では年間1億台から2億台近い出荷数となっています。つまり、どんどんみなさんと接点（タッチポイント）を持つ機器の普及のスピードが加速しています。

そのひとつひとつの機器の先には、AIを備えたコンピュータがあり、それらがセンサーから得られた情報を処理します。私たちが時間をかけている作業や調査を自動化し、代行してくれます。これが今の私たちの社会です。

今後、この状況はさらに加速するでしょう。**現在より一桁多い年間10億台あるいは10億個の機器が、これからネットワークに新たに接続されるでしょう。**こういったインフラが社会の前提になるはずです。

この動きは逆戻りすることはありません。

身の回りのセンサーの数は増え、AIの処理能力は上がります。無数のセンサーがみなさんの顔の表情や言葉を理解しようと試みます。衣類に搭載されたセンサーがある場合は、心拍や体温といった生体情報も受け取ることも可能になります。

みなさんの「コンテクスト（行動の背景）」を「モノのインターネット」が集める世界がすぐそこまできています。

行動だけではありません。急いでいる、落ち着いている、落ち込んでいるといった心理的な状態までも捉えられるでしょう。

「コンテクスト」がネットワークを介して、AIが動作しているコンピュータへ送られると、みなさんのしたいことやすべきことを推測・予測し、次にすべき動作を助けてくれるような計算結果を提供してくれます。

見方によってはAIによってこれからの行動を促されるともいえるかもしれません。

抵抗がある人もいるかもしれませんが、この流れに聖域はないでしょう。これらは、芸術ジャンルや、陶芸など日本の職人芸と呼ばれる分野も対象になるかもしれません。

長期間の鍛錬や経験と多くの知見を元にして、芸術や職人ワザといわれるすばらしい作品がつくられていく訳ですが、それらの作品の事例を多く収集し、人工知能に提供することで、その中から共通要素を合成したり、抽出したりすることで、すばらしい作品に近づこうとする人工知能作品が生まれてくる可能性が高くなると見ています。

フランスの音楽家であるドビュッシーは「芸術作品はルールをつくるが、ルールは芸術作品をつくらない」といいました。

ルールや常識に縛られすぎる先にあるのは衰退です。「べき」での議論をやめ、テクノロジーを活用できないかを考えましょう。

Chapter 3

徹底的に妄想するとつくれる

「守破離」にのっとる

「守破離」という言葉を聞いたことがあるでしょうか。

武道や芸術の世界で、まずは師匠からの教えを「守る」フェーズがあり、その次に師匠の型を「破り」、型を生み出すフェーズに移行します。そして、最後にその自らが創造した新しい型を持って師匠から「離れる」ことを示したとされています。

これは、まさに「つくる」上では重要なキーワードになります。

この言葉の成り立ちには諸説ありますが、１５００年代の戦国時代から安土桃山時代の茶人として知られる千利休が詠んだ「規矩作法　守りつくして破るとも　離るるとても本を忘るな」という和歌に由来すると言われています。

ここで大切なのは、何かをつくるには「型無し」ではなく「型破り」にならなければいけないということです。

私はプレイステーション事業のバトンを創業世代から受けた２００８年頃、過去のプレイステーションを超える創造を目指して、当時のマネジメントチームとこの言葉を共有しました。

ゲームプラットフォーム（ゲーム機）のフルモデルチェンジは、5～6年に一度行われます。その際に考えるべきは、発売後10年の寿命を見通すことです。**つまり、10年後も世の中のニーズと大きくズレていないスペックやビジネスモデルをつくらなければいけません。**

そのためには、これまでのモデルの良いところを踏襲しつつ、新たな価値提供を創出する必要があります。

プロダクトやサービスをつくる際には、時流やトレンドを過剰に意識してしまいがちですが、まず大切なのは、創業当時からの歴史の振り返りです。**そこで、自分がかかわる製品のアイデンティティを明確に定義することです。**

まさに、「守破離」の「守」の部分です。親を超えるには親を知る必要が自ずと出てきます。ですので、私たちはモデルチェンジをするときに、「守」を振り返り、「ゲームを楽しむ」という信念を見つめ直しました。

プレステを手掛ける「ソニー・コンピュータエンタテインメント（現ソニー・インタラクティブエンタテインメント）」のコンピュータエンタテインメントを日本語に訳すと計算機娯楽になります。

計算機を使った娯楽の会社です。

私たちは創業メンバーから「この会社はコンピュータで道楽をやる会社なのだからもっと遊べ」と、よく発破をかけられていました。ですから、「人を楽しませる、つくり手も新しい挑戦をして楽しむ」という根っこのところは守りました。

一方で、ただ守るだけでは世の中を楽しませ続けることはできません。社会も変われば、価値観も変わります。自分たちの型をつくってビジネスを再定義しなければいけません。

それまでのプレステは、媒体としてディスクを買って使うコンセプトでした。私たちは次世代を見据えて、ネットワーク配信も楽しめるゲーム機を構想しました。

当時のゲーム業界は大きなターニングポイントにありました。

ネットワークが飛躍的に進化し、オンラインのコンテンツ配信やサービス提供がちょっと出始めた時代です。もちろん、業界内にはそれがどこまで広がるか懐疑的な見方も当然ありました。

しかし、私たちはオンラインでゲームを楽しむ未来があたりまえになると考えました。

というのも、これは業界にとってはかなり大きな転換になるからです。

大きいのは、ディスクの製造費がいらなくなる点です。ソフトを売り切る必要もなくなるので、在庫を気にする必要がなくなります。これまでディスクだった旧作モデルも、わざわざ買わなくてもサブスクリプションモデルのような形で楽しんでもらうことも可能になります。**ゲームという本質は変わらないのに、業界のビジネスモデルがガラっと変わるのです。**

結果として、私たちはプレステ4ではこれまでと同じ、ディスクを使ったコンテンツ提供もしましたが、世界規模でのネットワーク配信のインフラを構築しました。つまり、ネットワークコンテンツの提供も実現し、サブスクリプションをはじめとした購入方法も導入しました。プレイステーション3から始まるオンライン配信へのシフトを実現し、プレステの再定義に成功しました。

こうしてできたプラットフォームが、オンライン事業の礎になりました。**今ではプレステ事業の売上の少なくない部分を占めるまでに成長しました。**「守破離」の考え方が私だけではなく、当時のチームにも深く浸透した産物といえるでしょう。

高齢化の日本はチャンスの塊でもある

日本のこれからはどうなるのだろうかと心配している人も多いでしょう。人口も減り、高齢化は進み、産業が上向きになる気配がない。閉塞感をどうしても感じてしまう人も少なくないはずです。

ただ、一方で日本ほどビジネスチャンスが多い国もないと感じています。**課題が多いということは解決すべき問題が多いことの裏返しです。**

日本は世界に先駆けて、「高齢社会」に突入しています。年金・医療・労働力などの社会インフラで多くの問題が発生すると予想されています。これは日本特有のものではなく、欧州各国や韓国、「一人っ子政策」を続けてきた中国でも確実に起こる未来です。

つまり、日本は「高齢社会」の先頭を走っている、フロントランナーともいえます。**日本で起こる課題や問題を解決できれば、「高齢化社会」の「後輩国家」に対して解決法を提供できます。**よいプロダクトやソリューション、インフラをいち早くつくることができれば輸出産業にもなります。

たとえば、高齢者は移動しにくくなりますし、屋内での活動も制約されます。記憶力も衰えます。これらを解消するために、自動運転による自動車や作業を支えるパワードスーツは必需品になります。家事ロボットや労働人口の減少を補う産業ロボット、人工知能による記憶・推測などの支援機能もあたりまえの世の中になるはずです。

日本は国土が比較的小さいため、通信網もすでに土台があります。この恵まれたインフラをいかして、車やロボットなどをクラウドと直結させて制御できれば、国土の全領域レベルでのシステム化にもそこまで時間がかからないかもしれません。

もちろん、他の国もこうした高齢化社会のビジネスチャンスを狙っています。日本の強みは当事者である高齢者が多いことでしょう。

私自身、50歳を過ぎた頃から日常生活で不便だなと感じることが増えました。若いころに比べると字は読みにくくなりましたし、移動もおっくうです。こうした問題は、当事者にしか体感できませんし、若い人材が中心の国家では重要視されない問題でしょう。**日本では既にそうした課題に取り組んでいる人もいますが、まだまだ日本全体の大きな流れには至っていません。**高齢社会のトップランナー日本の特徴を生かしましょう。

つくれると、何歳でも起業のチャンスがある

読者のみなさんの中には起業したい人もいるかもしれません。でも、GAFAの経営者のように若くないと成功できないと思うかもしれません。

ただ、さきほども述べたように世界の先進国では高齢化が進みます。**老いを自分事と感じられる人は、ビジネスチャンスを感じやすいともいえるでしょう。**

20歳の人には70歳の人を想像できても心の底から共感できないはずです。20代の経営者に80歳以降の暮らしに何が必要かを明確に語れる人はあまりいないでしょう。

そこにチャンスがあります。

つまり、若い人ばかりがスタートアップやイノベーションを担う時代ではなくなるはずです。長寿命化に伴って、ユーザーも高年齢になります。若い人以外も新しい事業を語る時代が訪れようとしているといっても言い過ぎではないでしょう。

年を重ねれば、失敗の確率も減るはずです。体力の衰えもあり、爆発力はなくなりますが、代わりに経験知が多くなります。もちろん、経験知が邪魔になるケースもありますが、

明らかな落とし穴にはまる可能性は少なくなります。

実際、「人生100年時代」では、定年後の起業も珍しくなくなるでしょう。若いころに比べて、人脈も経験もあります。残りの人生の長さからしてリスクも小さいです。子どもがいる人ならば子育ても終わっている人も多いでしょう。「どうにでもなるな」と考えての起業がリアルな選択肢になるはずです。

ですから、起業したい場合は、焦って急いで起業する必要はありません。**むしろ、じっくりと「つくる」力を養う姿勢が重要になります。**極論を語れば、「つくる」力があれば、どのような形でも何歳になってもつくれます。

まるで定年後の起業を進めているように聞こえるかもしれませんが、そうではありません。起業に遅いはないということです。

重要なのは、サービスやプロダクトをつくることで「この体験をみんなと共有したい」「ひとりでも多くの人に体験してもらいたい」という情熱を持ち続けることです。こうした情熱がなければ若くても年をとってもビジネスはうまくいかない可能性が高いでしょう。

常に「期日に間に合わせるため」のプランBを持っておく

計画（プランA）だけでなく、代替案（プランB）を考える。非常事態に備えての「プランB」の重要性は多くのビジネスマンが知っているでしょう。

プロダクトやサービスをつくる際の代替プランにはコツがあります。

製作途中でも、たとえば部品やスタッフをどうするかなど、さまざまなプランBがあるといいと思いますが、最も考えておくべきプランBは、「期日」です。

開発の最大の問題は予定のリリースの期日に間に合わない場合です。「何となくリリースする」「何となく期日を伸ばす」というのがいちばん危険です。

リリース予定日に間に合わない理由はさまざまですが、大半はプロダクトの品質や安全性の問題です。安全面の場合なら簡単です。最近はプロダクトやサービスの大半はソフトウェアとの連携が欠かせません。ＩＴセキュリティの安全性が確認できなければ、発売を延期してでも、再テストを重ねたほうがいいでしょう。安全面で不安な点があれば、リリースを延期してでも不安な点を潰す。それが最大の代替案になります。

品質の場合はどうでしょうか。

これには割り切りも重要です。もちろん、関連法規の遵守などは当然なのですが、ニーズを超えて品質を過剰にするような完璧を求めず、「今回はこのレベルの仕上がりでもいい」という発想が必要です。プランBで、このくらいまで到達していたらいいなどと決めておきましょう。そのために、プランBにすると、どういった影響がそのプロダクトの販路や購買層に対して発生しそうか、ということを細かく想像しておくのが大切です。

ソフトウェアのプロダクトならリリースした後に、アップグレードで対処できます。OSのWindowsのように更新前提で、リリースした後に進化させるということを代替案としてもいいでしょう。

ただ、ソフトウェアでも、ゲームだとリリース後2週目まででおおよその売上が予想できます。これはゲームに限ったことではなく、ほとんどの業界がそうだと思います。リリースしてすぐ売れないと、その後に盛り返すことはあまりありません。ですので、レベルに達していないと思うなら、期日をずらしてもいいと思います。出すか出さないか、期日に関するプランBは必ず持っておきましょう。

column 02

プロジェクトには、小さくても出口を用意する

動き出したプロジェクトには小さくても出口を用意しましょう。

プロジェクトの出口とは、それが売れることです。大ヒットするのが理想のゴールです。

ただ、走り出したものの、どう考えても大ヒットどころか商品化や少しの採算化も難しいプロジェクトは当然あります。

理由としては、技術の完成度が低かったり、世の中のニーズがそこにないことがはっきりしてしまったりすることなどはよくあります。

とはいえ、メンバーには今の会社で、別の仕事で頑張ってもらわなければいけません。

個人やスタートアップでやった場合でも、もちろんそうです。

ですから、できればプロジェクトの晴れの場を設けることも大切です。

規模は問いません。

研究の発表会だったり、展示会だったり、あるいはテレビ取材などのマスコミへの露出だったりなど。

頑張ってきた人たちが次に向かってやる気がなくならないようなしくみも、組織でプロダクトやサービスを「つくる」上では欠かせません。

column 02

「できたらすごい」という気持ちは論理を超える

なにか商品を開発するとき、市場や顧客、競合の調査などをしますよね。そしてそれらの調査をもとにプロダクトやサービスを考えるはずです。

ただ、論理的に組み立てられた手法は、結局のところ、誰が考えても似たような答えにたどり着きがちです。分析して、ロジカルに取り組めば取り組むほど、誰もが同じような方向に進んでしまうのは必然ともいえます。そうなると、どこの会社も同じような商品を市場に送り出すため、差別化ができなくなるというジレンマに陥ってしまいます。

ではどうしたらいいでしょうか。

魅力的な「ものづくり」の背景には、「できたらすごい」という冒険心が必要なのではないかと思います。こういった要素がロジカルな商品開発を凌駕することが多々あります。

たとえば、デジカメです。当初、液晶画面はついていませんでしたが、カシオが1995年に発売したデジカメには、液晶画面が搭載されました。

当時はデジカメでもファインダーを覗いて撮影するのはあたりまえでしたので、**事前の顧客調査では、液晶画面を搭載することに好意的な反応はありませんでした。**

しかし、カシオは液晶画面の搭載に踏み切りました。結果的に、その後のデジカメの形状を塗り替え、スタンダードになったのはみなさんも知るところです。

たとえば、スケートボードだって「できたらすごい」の塊です。

スケートボードは、１９６０年代からローラースケートに板をつけて遊びだしたのが始まりのようですが、進化していく過程で、より速い速度で滑ることができるようになり、また、ジャンプまでできるようになりました。そこからは、空中でボードを回転させたり、ボーダー自身が空中で回転したりといった大技も可能になりました。

そして、専用のスケートボードコースが設置され、そうした場所で素晴らしい技の数々を披露するスケートボーダーにはスポンサーがつくようになり、プロスケートボーダーが現れます。そして現在の人気に至るわけです。

このように、スケートボードの歴史は、「ローラースケートに板を付けて滑ったらすごい」「新しいアクションに挑戦したらすごい」「高いレベルのパフォーマンスができたらすごい」「自分も大会に参加できたらすごい」「世界一になったらすごい、有名になったらすごい」

など「できたらすごい」の連鎖の歴史です。

「つくる」現場では、先々の到達点は見えにくい場合がほとんどです。

これはごく自然なことで、恐れることではありません。

最初の「できたらすごい」をまず大事にしましょう。

そうしたら、世界が変わって、スケートボードの発展の例のように、ひとつの「できたらすごい」のあとに「できたらすごい」の連鎖を起こせる場合があります。目の前のことにまず集中することが大きなイノベーションを生む原動力になります。

アポロ計画で人類を初めて月面に送ったチームが見た景色と同じように、各分野の先端にいる人たちの視界は不良であってあたりまえです。そこではエビデンスは意味を持ちません。

日本は「ものづくり」を大切にしてきた国です。「できたらすごい」という冒険心をコアに、新しい商品をつくっていきましょう。

column 03

試練の壁をどう打ち破るか――事業をつくる

松下幸之助や盛田昭夫、稲盛和夫など、日本には偉大な「創業者」がいます。孫正義や柳井正などは現役の創業者ですね。

創業世代からすれば、社員たちに早く自分たちを追い越し、世界を圧倒する事業を創造してほしい、新しい価値を社会に提供してほしいと願っていることでしょう。

もし後進の人間が創業世代の偉業に届かないのであれば、その会社は縮小していきます。

現代のような激しい変化の時期に、単調に事業運営しているだけでは、大きな波を乗り越えることはできません。

現在の日本企業では、前任者や上司の教えを金科玉条のように守り、「事業経営」ではなく、単に「事業運営」をしているだけのような例も多く見受けられます。

では、どうすればよいのでしょうか。まずは前任者を超える、次に上司を超える、さらには入社した頃の役員や社長を超える、そして創業者の成果を上回ることを目指すべきです。必ずしも同じ事業領域にこだわる必要はありません。

たとえばソニーもエレクトロニクスの会社と考えていたら今の成長はなかったでしょう。「ソニーはエレクトロニクスの会社」と頑なに定義せずに、「世の中の人たちをワクワクさせて幸せにする会社」と多くの人が考えたから、映画やゲーム、音楽、金融などが事業の柱として結果的に育ちました。

富士フイルムも今ではフイルムをほとんどつくっていませんが、企業としては持続成長しています。フィルムを捨てたわけでなく、フィルムに乗る微粒子の加工技術を活用して化粧品事業を一大事業に育て上げました。

これらに共通するのは、先に説明した、守破離の精神ともいえます。プロダクトやサービスだけでなく、事業や会社そのものにも守破離の精神が大切です。または、学問で言うところの「巨人の肩に乗る」イメージです。

学問は一足飛びに新しい仮説が証明されるわけではありません。**有名・無名の多くの研究者たちの長い苦闘があって、最後に歴史的な発見につながります。**長い歴史をかけて生まれた発明や理論の上に自分なりの新しい理論を乗せることで発展します。

会社の事業も同じです。まったく新しい事業に見えても、離れているようで近いです。

ヒットをつくりたいなら、「ユーザーを子どもだと思え」

プロダクトやサービスをリリースしたら、できるかぎり多くの人に使ってもらいたいのがつくる側の気持ちでしょう。もちろん、「わかる人にわかればいい」というコンセプトの商品もありますが、それでもその限られたマーケットの中ではできるだけ多くの人に使ってもらいたいはずです。

では、どうすれば、多くの人に使ってもらえるのでしょうか。

商品によって細かい違いはありますが、つくる側が意識しなければいけない鉄則が「ユーザーを子どもだと思え」です。どんな商品でも、その使い方を熟知した人ばかりが買うことは珍しいと思います。ユーザーの中心に「子ども」を設定しておくと、どんな人も使いやすく、楽しめるはずです。大人にとっても、子どもにとっても、難しい取扱説明書など読まずに簡単に迷わず使い始め、使えば使うほど楽しく、「ハマる」体験を提供することがヒットプロダクトには必要です。

では、子ども向けにつくりたい場合、どのようにつくるのかを、実際にゲームを例に説明します。ゲームの中心ユーザーは子どもや若年層です。細かい点はたくさんありますが、大まかにはふたつです。

ひとつは「マニュアルがいらない」。

もうひとつは「難易度を段階的にする」です。

子どもは素直で、忖度をまったくしません。「つまらないものはつまらない」といいます。ゲームのつくり手は「子どもたちはマニュアルなんて読まないだろうな」という前提に立っています。きっと箱から取り出して、ディスクをゲーム機に入れて、コントローラーを持っていきなり遊び始めるだろうと予想します。

子どもは「詳しい動かし方はマニュアルに書いていますから読んでください」が通用しないお客さんです。**マニュアルを読まなくても不自由なく遊べるのが「いいゲーム」のひとつの定義になっています。**

わかりやすい例が『スーパーマリオ』です。マニュアルを読んでマリオをプレーした人はいないでしょう。読まなくてもクリボーを倒して、キノコをとって大きくなったはずです。

また、ゲームのつくり手はコンテンツの性質上、自分のコンテンツをどんな人にでも使ってもらいたい気持ちがとりわけ強いと思います。大人にも子どもにもハンディキャップがある人にも楽しく遊んでもらいたいという気持ちを持ちながら設計します。

子どもはとりわけ飽きっぽいので飽きさせないための工夫を凝らします。

そして、もうひとつの「難易度を段階的にする」とは、上達したと感じさせるしかけをつくるということです。

ゲームの場合、ステージがあるゲームが大半です。

ファーストステージをクリアしたら2ステージ、2ステージをクリアしたら3ステージというのがオーソドックスなスタイルです。

そこで、わかりやすい例でいえば、最初のステージはボタン1個を使えればクリアできるけれども、2ステージ目はボタン2個を使わないとクリアできないような設定にします。

難易度が上がっていくように設計することで、ユーザーは知らず知らずのうちに上手くなり、プレーする時間が増えて、なかなかやめられなくなります。

ゲームに限らず、上達すればなんでも楽しくなっていきますよね。そうすると、やめられません。つくる側としては「どんどん挑戦したい」「次のステージを見たい」とハマる感覚をつくれるかがポイントになります。

そのためには、難易度を含めて細かい調整が欠かせません。**簡単にクリアできても飽きられますし、難しすぎるとあきらめられます。**

テストでユーザーさんに試してもらって、多くの人がクリアできなければ「ボスキャラが強すぎる」と敵を弱くします。相手は子どもですから、いかにやめさせないかを必死に考えます。

ものをつくるときに悩むのが、「ユーザーの気持ちがわからない」ということかもしれません。たとえば、身近に子どもがいないという環境だったらなかなかユーザーのニーズがつかめないこともあるでしょう。しかし、このふたつを基点に考えれば、設計も決まっていくはずです。

そのプロダクトがどう使われるかを徹底的に想像することが基本

さきほど、子ども視点でプロダクトをつくるといいと言いました。なぜいいのかというと、それで世の中の使いづらいプロダクトは一新されると思うからです。

「子どものユーザーがどう使うかを徹底的に想像する」視点で考えると世の中のサービスのいろいろな場所に改善の余地が見えてきます。

たとえばインターネット上によくある、申し込み窓口の使い勝手の悪さです。ホームページのどこに申し込みの入り口があるのかわからなかったり、ブラウザの「戻る」ボタンを押すとエラーになったり。おそらく誰もが一度は困惑したことがあるはずです。

インターネットの進化は著しいですが、多くのホームページの申し込みフォームの使い勝手の悪さだけは旧態依然としたままです。なぜ改善されないかは簡単です。ユーザーがみんな大人で我慢しているからです。申し込んだり、申請したりするには使わざるを得ません。しかし、ゲームだったら、子どもに「ナゾゲー」「クソゲー」扱いされて誰も使ってくれません。

こうした問題が起きてしまうのは、ユーザーがどのように操作するか、どう考えるかの想像力が不足しているからでしょう。こうした迷路のような申し込みフォームを「子どもが使うとしたら」と思うと、劇的に変わるはずです。

なぜならば、「ユーザーが迷う」を極力排除するのがゲームづくりの鉄則だからです。最低でも、サクサク迷わずに使えるようにするはずでしょう。こうしたノウハウは一朝一夕では蓄積できませんが、「誰もが使えるようにする」「迷わないようにする」を意識するだけでデザインは見違えるように変わるでしょう。

「子ども視点」のノウハウは教育や研修分野でも使えるはずです。たとえば、クリアできると、次に行きたくなる「ハマる」感覚をうまく活用したらどうでしょうか。教育産業でありがちなのはステップが大きすぎる問題です。急に問題が難しくなりがちなために、ユーザーは壁にぶつかって諦めてしまいます。ですから、壁の高さを個別に調整したり、どうしても壁を乗り越えられなかったら別の道を提示したりするべきです。「飽きさせない」「迷わせない」子ども向けコンテンツづくりのノウハウが生きることでしょう。

ワクワクするほうを選ぶ

１９９０年代のシリコンバレーを風靡した会社があります。ジェネラル・マジックです。ジェネラル・マジックはアップルの主要エンジニアが分離・独立してつくった会社です。事業は、携帯端末への通信システムの開発です。

アメリカの大手通信会社のＡＴ＆Ｔやモトローラ、ソニーなど世界の有力企業が相次ぎ出資し、95年には創業からわずか５年で米店頭株式市場（ナスダック）に上場を果たしました。

ジェネラル・マジックは爆発的なヒット商品を世に送り出したわけではありません。実際、みなさんの中には社名を聞いたこともない人も多いでしょう。**しかし、同社が世界の大企業を魅了し、出資させたのは夢があったからです。**

顧客に代わってネット上で欲しい情報を探し出すための「エージェント」という人工知能的ボットや、携帯情報端末（ＰＤＡ）用基本ソフト「マジックキャップ」を開発しました。私たちが今、スマホでなにかを調べられたり、ＳＮＳでやりとりできる技術やサービスは同社が草分けといっていいでしょう。

ところが、２００２年に業務を停止しています。理由はいくつもありましたが、あまりにも時代の先を走り過ぎたからだと思います。

考えてみれば、90年代はまだインターネットのインフラが整備されていなかった時代です。いかに同社のコンセプトが早すぎたかが理解できるはずです。

ジェネラル・マジックは会社としてはうまくいきませんでしたが、多くの才能あふれる人を残しました。

明治維新の時代の政治家の後藤新平は「金を残して死ぬのは下だ。事業を残して死ぬのは中だ。人を残して死ぬのが上だ」という言葉を残しましたが、ジェネラル・マジックは21世紀の産業史を支える人を輩出しました。それもひとりではなく、そうそうたる顔ぶれが並びます。

携帯電話用オペレーティングシステムのAndroidを開発したアンディ・ルービン、米国のオバマ政権のCTOであるミーガン・スミス、iPodの発案者として知られるトニー・ファデル、テレビを使って双方向番組を楽しめる「ウェブＴＶ」を開発してマイクロソフトに売却したスティーブ・パールマン、そして、元AdobeのCTOケビン・リンチなどです。ジェネラル・マジックの取り組みは時代を超えて大きな果実を結んだとの見方もできます。

壮大なコンセプトには、そのコンセプトに魅了された優秀なエンジニアが集まります。

優秀なエンジニアが集まれば、毎日が発見の連続になります。化学反応が起き、それぞれの技術レベルも経験値もあがります。

ジェネラル・マジックはその象徴的な例でしょう。

今の時代は日本も世界も大きな転換点にあります。

自動運転、ロボットから火星探索や核融合までいくつもの可能性に満ちたプロジェクトがあなたの身の回りでも立ち上がっているはずです。

魅惑的ですが先行きは不透明に映るかもしれません。

もちろん、生活もありますし、躊躇するのも選択肢のひとつです。一方、そうしたプロジェクトに条件を考えずに飛び込んでみるのも10年、20年先を考えればアリな選択肢ともいえるでしょう。

迷ったら、簡単です。あなたはどちらがワクワクしますか。ワクワクこそが人生の原動力です。

222 イノベーションは周辺から生まれる

イノベーションはメインストリームではなく、「辺境」で起こりやすいといわれています。アメリカのシリコンバレーがわかりやすい例です。ニューヨークやワシントンなどアメリカの政治と経済の中心の東海岸から離れた地で、既存のビジネスを破壊するイノベーションが起きました。

イノベーションでは、異文化との遭遇が重要です。

最近、スマートシティの研究をしている人の講演を聞いてその思いをさらに強くしました。というのも、世界の街の状況をいろいろ分析すると、それぞれのバックボーンが違う人が多い街ほどイノベーションが起きやすいそうです。**つまり、マイノリティが多いこと自体が、イノベーションの源泉になるのです。**

マジョリティだらけでしたら、すでにあるルールで生活に困りません。反対に、そうでない人が一定数いると、いろいろと困りごとが起きます。それを解決するためにイノベーションが起きるのはある意味必然です。

これは会社の運営にも当てはまります。**会社の本流からはヒット作はなかなか生まれません。**プレイステーションもそうでした。

プレステを手掛けているソニー・コンピュータエンタテインメント（現ソニー・インタラクティブエンタテインメント）はソニーとソニーミュージックの折半出資の会社として設立されました。

最初からソニーが力を入れていた事業でしたら、自社内でやりますが、プレステは「ソニー内部でわざわざやる事業でもないだろう」と合弁で始まったわけです。ですから、本社もソニー本社の品川でもミュージックの六本木でもなく、青山一丁目に置かれました。

よかったのが、それぞれの親会社から物理的に距離を置けたことです。本流ではないので、新事業を「自由度を持って」始められました。辺境で始まったので、本流のしばりも受けないわけです。

それが今ではソニーの稼ぎ頭のひとつでソニー全体の利益の約4分の1を計上しています。

column 04

あなたの部署は「主流」か「辺境」か「衰退している」か

前の項目で書いた通り、辺境にはチャンスがあります。たとえばあなたが今つくっているもの、企画したいものはメインのものと比べると、どこに位置するでしょうか。あるいは、会社員なら、会社の中でのどの部門でしょうか。たとえば、主流でない部門、つまり傍流なら、「イノベーションを起こすチャンス」があります。

一方で、問題はもしかしたら「主流」かもしれません。主流が儲かっており、そこで活躍していたら問題はありませんが、「会社の主流部門でそこそこの仕事を任せられていても、事業の先行きが明るくない。転職してもいいけど、まだ会社でやれることもある。イノベーションを起こしたい。どうすればよいか」などという人もいるかもしれません。**自分が今いる立ち位置が「主流か」「辺境か」「衰退しているか」などと考えてみることは、大切なことです。**

おそらく大きな会社であればあるほど新しい事業を抱えていたり、新事業を創出するための専門部署が立ち上がったりしているので、そのような思いを強く抱いているかもしれません。

どうすればよいかは年代によっても変わります。若ければとにかく異動したいとアピールしまくるのもひとつの手段です。**ただ、30～40代ぐらいになってくると、所属する部署で貴重な戦力になっている可能性も高く、若者みたいに「異動させてくれ」と叫びまくっても異動させてもらえないケースも多いでしょう。**

日本の企業はよくも悪くも、新卒の一括採用がいまだに中心です。大企業となれば同期が何百人もいます。先輩後輩の関係もあります。**社内政治を必死にやる必要はありませんが、社内で気さくに話せる仲間をつくるのは意外にも重要です。**

自分が腐りかけていて、「なんかちょっとそっちの事業っておもしろそうだよね」と漏らすと、「来る?」と言われることもあるかもしれません。「そんなうまい話ないでしょ」と思われるかもしれませんが、実は私がプレステ事業に携わるようになったのはそんな雑談がきっかけでした。

たまたまゴルフコンペで仲の良い同僚と話したのがきっかけです。

「いまゲーム事業をつくっているんだよ。こない？」と誘われ、社費留学でコンピュータグラフィクスを勉強していたこともあり、話に乗った形です。正式な辞令でも偉い人からのスカウトでもありませんでした。もちろん、そのあと、面談などはありましたが、あのとき乗らなければまったく違った人生を歩んでいたでしょう。

ベンチャーや中堅中小企業ですとこうした異動はよく聞きます。大きい会社だと社内公募などがあるので、多くの人は正式な「表」のルートから異動を狙うのですが、公募以外にもこうした話は転がっています。

オフィシャルな形ではないので、知っている人しか知りません。普段からいかにアンテナを立てておくかが重要になります。

もちろん、タイミングもあります。アンテナを立てていれば異動できるわけでもありません。とはいえ、「主流部門にいるけれども、衰退気味だ」と腐っていても何の解決にもなりません。やれることをやるしかありません。

どのような部門にいても新しい創造に向けてやれることはあります。ぜひ試してほしいのは、「周辺に目を配る」ことです。

会社のメインのプロダクトにかかわっているのならば、これまで重要視されていなかった周辺に価値を見出すのです。

たとえばテレビは、今やテレビ局がつくる番組を見るだけの家電ではありません。YouTubeも見るでしょうし、NETFLIXやAmazon primeも見るでしょう。多くの家庭でテレビに映し出されている映像の大半は内蔵のチューナーを使っていないことも少なくないでしょう。

しかし、かつてテレビをつくっていたメーカーがこういった配信側の主力プレイヤーにはなれていないのも事実です。

結果論ともいえますが、常にイノベーションの種を探す、衰退産業だと思い込まずに自分のかかわっているプロダクトやサービスを見直す。**思い込みがイノベーションの最も大きな敵です。**

ＰＤＣＡをやめよう

「プロジェクトは一度動き出すと修正が簡単にできない」。先にこう言いました。特に、規模が大きければ大きいほど、途中でプロジェクトの問題がたくさん起きながらも、「もう、止められません」とストップをかけられずに突き進み、悲劇を生むケースも少なくありません。

こうした事態を招いてしまう大きな原因が「ＰＤＣＡへのこだわり」です。

組織の基本は、ＰＤＣＡ（計画・実行・評価・改善）をしっかり回すことにあると言われ続けてきました。今も多くの企業で実践されていますが、元々は品質改善を目的に提唱されたプログラムです。

確かにノープランで開発に挑むのは無謀です。そして、ＰＤＣＡは業務改善のためのしくみなので未来の見通しが立つ状況では、確かに有効でしょう。

ただ、現代は先が見えません。環境変化も激しいです。プロジェクトの途中で外部環境が大きく変化することも珍しくありません。**ですから、最初に立てた計画をその通り回していけばゴールに至るという発想は現実的ではありません。**それにもかかわらず、不思議なことに日本の多くの会社はＰＤＣＡがいまだに大好きです。

ではどうしたらいいでしょうか。

「つくる」人は「後戻り」を前提にすべきです。

ＰＤＣＡではなくＯＯＤＡというものがあります。

ＯＯＤＡはObserve（観察）、Orient（方向づけ）、Decide（意思決定）、Act（行動）の頭文字を取った略称で、「ウーダ」と読みます。

これは、変化が激しい状況で、それに合った行動をするためにつくられました。ＰＤＣＡサイクルは後戻りすることが難しい「サイクル」が原則ですが、ＯＯＤＡは後戻りすることが可能な「ループ」なのが特徴です。**むしろ、後戻りを前提としています。**

ＯＯＤＡはジョン・ボイドという元米空軍大佐が、自らの体験に歴史上の知見を重ね、完成させたといわれています。近代戦を戦う手法として状況が時々刻々と変化する中でどう相手に勝つかを突き詰めたしくみを普遍化しました。

ＯＯＤＡはまず「観察」（Observe）から始まります。置かれている状況や周囲の環境を客観的な視点で観察し、認識します。そして、次が「方向づけ」（Orient）です。これは「観察」で知った情報や状況を元にして、判断を行い、取るべき行動を方向づけるものです。さらに「意思決定」（Decide）をします。これは「方向づけ」で取るべき行動から具体的な手段を決めて行います。最後の「行動」（Act）で、決定した取るべき行動をするわけです。

ＰＤＣＡサイクルがPlan（計画）からスタートする意思決定や行動ステップですが、ＯＯＤＡはObserve（観察）から始まります。ですから、徹底的に観察しましょう。そして、今、何が問題かを明確にしましょう。

戦いは想定外の連続です。たとえば空中戦で自軍も相手の戦闘機も３機と想定していたら、急に４機目の敵が出てくる場面もあるでしょう。

そうした事態に、「３機前提の作戦だったから、しっかりその方法を遂行しないと（＝そのＰＤＣＡを回さないと）」と考えたら、間違いなく壊滅させられます。

状況が変わったら、３対４でも戦うのか、明らかに形勢が不利そうだから逃げるのかをその場で検討して、決断しなければいけません。想定外の出来事に、いかに個人が対応するかをしくみにしたのがＯＯＤＡです。

PDCAとOODAの最大の違いは実行者のメンタルに求められます。**一度決めたら絶対に変えてはいけないのか、常に修正するメンタルにするのか。**このふたつの間には、大きな違いがあります。

日本の社会システムは人口が右肩上がりに増え続ける前提で戦後につくられました。少子高齢化が止まらない今となっては機能しないのはあたりまえです。それなのに、「これは決めたことだから変えられない」で対応し続けているので悲劇が起きます。

敵の戦闘機が4機なのに3機の前提で対応していてもうまくいくわけがありません。指令本部に「相手がなぜか4機いますが、どうしますか」と聞いていても、間に合いません。何が問題かを自分で判断するしかありません。

前にもお話ししましたが、間違った問題をいくら解決したところで意味はありません。何が問題かを常に細かくチェックしましょう。大きなプロジェクトでしたら同時にいくつかのチームで進むはずです。工業製品の開発でしたらブロックごとに開発を進めます。小さな単位ごとに進めて、状況に合わせて柔軟に対応する力を養いましょう。

仲間は「つくる」には欠かせないインフラ

ここまで、チームでの意思疎通の大切さも取り上げてきました。チームは、それぞれジャンルの違う専門家でできているはずです。そうすると、「このままではマズい」という状況が訪れたとしても、自分ひとりでは意思決定できないときもあるはずです。

こういうときのために、自分では判断が難しい場合に助言をもらえる集団、ブレインプールを持っておくことをおすすめします。

これはもちろん、オフィシャルな集団ではありません。むしろ、堅苦しくなく気軽に聞ける人を何人かそろえるイメージで考えてください。

人間はフォーマルな場でフォーマルに相手に聞かれるとフォーマルな返事をしがちです。「あるべき姿」を過剰に意識して回答してしまう傾向にあります。たとえば人間ドックの際の事前のアンケートなどを思い浮かべてもらうとわかりやすいかもしれません。実態よりも過少申告してしまった経験がある人はいるはずです。

ですから、会社で何かを聞きたくても、急に聞いたら相手も緊張します。もしあなたが目上の立場でしたら、なおさらです。ありきたりな答えしか期待できません。

重要なのは本音で答えてもらえる関係を持っておくことです。

これは社内の人間に限ってのことではありません。「みんなはこう言っていますけど、僕はこう思います」と言ってくれる人をひとりでも多く持つ。それにつきます。

もしかしたら「どうすればそうした仲間をつくれるのか」と思われる人もいるかもしれません。これは簡単です。

あなたが、常日頃から本音を語れる人であればよいのです。誰かに「どう思うか」と聞かれた際に、本音を共有するように心がけましょう。そうすると、自ずとあなたに対しても本音で語ってくれる人が増えるはずです。

まず、自分が判断できることと、できないことを見定める。そして、判断に迷ったら、気軽に聞ける仲間を持つ。**すべてを自分でカバーするのは難しい時代に、仲間を「つくる」ことは欠かせないインフラになります。**

column 05

プレイステーションらしい社会貢献

「なぜやるか」が明確でないプロジェクトはうまくいきません。「つくる」には目的が必要です。たとえば、プレイステーションでしたら、多くの人を楽しませたい、わくわくさせたいという目的があります。

ですから、プレイステーションが、「ゲーム以外」での楽しみを提供してもいいわけです。プレステ3は、米スタンフォード大学の学術プロジェクト「Folding@home」（ＦＡＨ）というものに参加したことがあります。

このプロジェクトはがんやアルツハイマー病などの治療法を発見するために必要とされるタンパク質の特性を解き明かそうという試みでした。

実は、これを解析するためには、大量かつ複雑な演算が必要でした。当時は今よりもパソコンの性能は低かったので、スーパーコンピュータが必要になりますが、スパコンは開発・製造に数十億から数百億もの費用がかかります。そこでスタンフォード大が採用したのが、「分散コンピューティング」と呼ばれる手法でした。

これは複雑かつ膨大な演算をひとつのパソコンで処理するのではなく、いくつものパソコンで分担して計算し、全体としてスパコン並みの能力を得ようとする方法です。

ゲーム好きな方はご存じかもしれませんが、プレステ3の頭脳に当たるCPU（中央演算処理装置）はパソコンのCPUをはるかに凌駕していました。プレステ3の1台でPCの25台分ぐらいの演算性能に匹敵しました。

そして、プレステ3を持っている人の中で、ボランティアでこの演算に参加してくれる人をつのりました。プレステ3を持っている人は、もちろん日本人だけではありません。世界規模で演算に参加してもらうという試みをしたのです。

具体的には、プレステ3でアプリをダウンロードすれば誰でも参加できました。ダウンロードするとデータが落ちてきて、そのデータを各自のプレステ3が計算して結果をスタンフォード大のサーバーに戻すしくみです。

プレステ3はその能力を遺憾なく発揮しました。そしてプロジェクトの1日の処理量は一挙に倍以上に増え、２００７年3月の開始から半年もたたずに1P（ペタ）FLOPS（1

秒に１０００兆演算）の処理能力に達しました。
これは人類史上初めての出来事でギネス記録にスタンフォード大学のプロジェクトが認定され、プレステ３もその偉業に大きく貢献したと記されています。２００８年にはプレステ３からFolding@Homeに参加する人が１００万人を突破したと報じられています。

このとき、プレステチームでは、単純に計算するだけではおもしろくないので、参加者の位置をアプリ内の地球儀に点灯させて、世界各地からの貢献を可視化しました。

このアプリケーションは社会貢献を可視化したという点が評価され、国内でもかなり話題になりました。

このプロジェクトへの参加は企業のCSR（社会的責任）の側面もありますが、最初のきっかけはアメリカの社員が「すごいおもしろそう」と言いだしてプロトタイプをつくってきたことです。

もちろん、社内でいろいろな議論はありましたが、「スパコン以外にこれができるのってプレステ以外ないよね」という結論に至り、プロジェクトが本格的に始まったのです。

そして、CSRを可視化したということが評価され2008年のグッドデザイン賞金賞（TOP15）を受賞するに至りました。

ソニーという会社の土壌がこうしたチャレンジを可能にさせた面もありますが、何よりも「プレステはゲームをするもの」と開発の目的を狭く捉えていなかったから可能になったプロジェクトともいえます。

「プレステ3を1台のコンピュータ」と捉えることで自由な発想が生まれたわけです。既存の定義や世の中の常識にとらわれない自由な発想を忘れないでください。

column 05

収益が得られない時期に、我慢して先行投資をする

つくったものが売れず、収益が期待ほど得られない時期は必ず存在します。

こうした場合、企業は事業構造を見直さざるをえません。

いちばん多いのは、営業やＰＲ費用の削減、オフィスの移転や人員の配転、早期退職を募ったりすることによる固定費削減です。商品のコストを少なくして、粗利益率を改善することも一般的です。

こうした取り組みはカンフル剤として短期の収益改善につながりますが、根本的な問題解決にはつながりません。しばらく経つと、いつかきた道で、好ましくない収益レベルに戻ってしまう場合が少なくないのです。

この際に最もやってはいけないことなのに、やってしまいがちなのが先行投資の絞り込みです。

先行投資のプロジェクトはもちろんその時点では何も生み出していません。お金の出入

りだけで考えると、完全な持ち出しです。ですから、業績の悪化に伴ってプロジェクトの予算や人員を削りがちなのですが、これは悪手です。

いちばん覚えておくべきなのは、新しいものをつくるための材料は、それが完成するまでは「属人的」であることです。つまり、知恵やノウハウはあまり明文化されておらず、人に属しているということです。

ここで、人員を削ることはノウハウを切ることにもつながります。

同時に、当事者のメンバーのみならず社員の士気にもかかわります。「この会社は新しいものを生み出す気がないのか」と見透かされてしまいます。お金を絞るメリットよりもデメリットが大きくなりかねません。

ですから、「一度やると決めたら、ずっと投じる」くらいの気持ちで取り組まないと成果は期待できません。

なければ自分でつくる

序章でとりあげた木原信敏という、ソニーの伝説のエンジニアがいます。歴代のビデオテープレコーダー（ＶＴＲ）開発を指揮し、「技術・開発の神様」と呼ばれていました。彼は、ＶＴＲの前にテープレコーダーもつくっています。テープレコーダーの試作第一号機は１９４９年でした。このときのエピソードが強烈です。

その前年に創業者のひとりである井深大が、進駐軍からテープ録音の存在を聞き、開発に乗り出したのですが、**誰もテープレコーダーどころか録音テープすら見たことがなかったのです。**

普通なら、「それならば無理か」とあきらめてしまうはずです。しかし、木原さんたちは違いました。「それだったら磁気テープからつくるか」と考えました。

時代は戦後すぐで、物資は手に入りません。磁気テープづくりにシュウ酸第二鉄が必要になり、東京中を駆け回った末に、薬問屋でようやく見つけ出しました。材料が手に入っても試行錯誤の連続です。シュウ酸第二鉄の粉を、フライパンにしゃもじで入れたそうなのですが、焼き過ぎると酸化が進んで黒くなり、使い物にならなくなってしまいます。また、録音テープをつくるため粉を紙テープに塗る作業が必要なのですが、ご飯粒を練ったのを使ったところうまくいかず、ラッカーに溶かしてタヌキの胸毛のはけを手にし、長いテープに走りながら塗るなど頭をひねりにひねったそうです。

ものがない時代だけに身の回りの物をフル活用した様子がうかがえます。

木原さんは「世の中にない物をつくる。手本を示し、若手に自分の力で進化させる」と作業着姿で毎日、アイデアを練っていました。彼の元ではさまざまなエンジニアが新商品をつくって事業化し、卒業していったので「木原学校」とも呼ばれていました。木原さんは、私が新入社員として入社したソニーの開発研究所の所長をされていました。毎月一度、所長講話ということで、木原さんがテープレコーダーを開発した頃の話をされ、私たち新人は興味深くて、いつも前のめりに話を聞いていたのをいまでも良く覚えています。

プロダクトにせよ、サービスにせよ必要な材料全部がそろっていないのはあたりまえです。**だから、自分でつくってしまおうと考える。**技術が細分化し、進化の速度がはやい現代でも基本スタイルは同じです。工夫しましょう。

「すぐ役立つ」こと以外も大切にする

開発の世界は千《せん》三《み》つです。日の目を見なかった試作品も山ほどあります。ただ、最初からビジネスになるかどうかを細かく見極めて取り組んでいたらソニーの成功はなかったはずです。

さきほどの項目でお伝えしたとおり、技術や知識よりもマインドが大事です。ないからやめるのではなく、ないならつくってしまう。**自分が欲しいと思うものをどうにかしてつくる熱量が大切です。**

むしろ、つらいのは自分がつくりたいものをつくれないという環境のほうです。近年は、開発にもエビデンスが求められがちです。

みなさんも新しいプロジェクトの提案をして「マーケットはあるのか」「それはやっても意味があるのか」といわれた経験があるかもしれません。

このような問いには意味がありません。**なぜなら、世の中にとって新しいプロダクトやサービスは前例がありません。**エビデンスを示しようがありません。新しいカテゴリーにはエビデンスはないのです。

みなさんに裁量があれば問題ありませんが、なければ自分でつくれるかどうかは、正直なところ、意思決定者次第です。上司があなたの提案を「センスがある」「見込みがありそう」と感じるかどうかです。身もふたもない話をしてしまえば、運です。

ただ、会社も最近はエビデンス重視の効率主義ではヒットが生まれないことに、気づき始めています。**会社が「選択と集中」をしすぎては変化が起きなくなります。**選択した事業がピークを迎えてしまっては会社は持続できません。

今すぐに役立つことはすぐに役立たなくなります。

外資系企業の中には業務時間の一部を本業以外に振り向ける制度を取り入れているところもあります。日本企業の中には副業解禁の動きも加速しています。

エビデンスを気にしすぎずに、自分の心に素直につくってみましょう。

結局、その仕事を好きでたまらないかどうかが、一流かどうかを決める

プロの世界は1位と2位では大差がつくと言われています。

野球の記録では日本プロ野球の通算ホームランは王貞治が８６８本ですが、2位は野村克也の６５７本で２００本以上離れています。3位が門田博光の５６７本ですので、1位と2位の差はそれ以下の順位の差よりはるかに大きいことがわかります。

プロテニスやゴルフも似たような状況です。スポーツの世界だけでありません。将棋や囲碁においてもトップ棋士が大半のタイトルを保有しています。

それでは、プロ中のトッププロと普通レベルのプロとの格差はなぜ生まれるのか。

これは「好きで、好きでたまらないかどうか」につきるのではないでしょうか。

２０２３年の春に日本中が盛り上がったWBCでは、大谷翔平の楽しそうにプレーしている姿がたくさんの人の心をひきつけました。健康管理を徹底し、食べ物もかなり気をつけているとの報道もありましたが、大好きな野球のためならばそれも苦にならないのでしょう。もちろん、大谷さんは才能にも恵まれていますが、その上でこれだけ野球に打ち

込んでいるわけですから、他の人は簡単に勝てるわけがありません。

このように、トッププロは動機が内発的で外発的ではありません。

これは私たちの仕事においても当てはまります。プロの中でも**トップ中のトップたちは仕事が心の底から好きだという共通点があります。**好きであるがゆえに苦労も苦労に感じず探求できるし、失敗を失敗と思わずにやり続けられるわけですから、成功確率も上がります。**最近、「何かをやり過ぎた人が天才と呼ばれる」という話を聞いてとても共鳴しました。何かの道を追求することの本質を捉えている言葉といえるでしょう。**

もちろん、組織に属していれば自分が好きなことを真正面からできるとは限りません。

「本当におもしろいことは上司に黙ってやれ」という言葉がソニーにありました。思うようにならないときは、これまでお話ししたように、コソっと試してみてください。

業務がおもしろく感じない理由のひとつに、自主的にやろうと思ったものでなく、受け身的でやらされ感がある場合ではないかと思います。そういったときの私の経験としては、要望されている上司や同僚の期待をはるかに上回るものにするという、自分が建てたゴールに置き換えてみるのもいいでしょう。

同じ商品をつくっていても、レシピは変化することを知っておく

何かをつくるとき、自分がつくっているプロダクトやサービスがどのような原理で動いていて、どのような部品で構成されて、それをどのように組み合わせてつくるかという「レシピ」を持つべきです。**レシピを意識すれば時代の変化に必要以上に戸惑わなくなります。**

時代の変化は、ものをつくる人にとって絶対に考えなければならない要素です。レシピは時代に合わせて代わります。

たとえば、私がかかわってきたゲームプラットフォームの開発を見ても、つくりたいものは「ゲーム」ですが、レシピはまったく違っています。歴史を振り返ってみましょう。何度も起きた大きな技術ベースの変化により、レシピが書き換えられています。

そもそもビデオゲームは、かつては家庭用ではなく、バーやレストランなどにおかれたアーケードゲーム機と呼ばれるものでした。これは専用回路により構成され、ゲーム機の

筐体がゲームそのものでした。その後、家庭用ゲーム機が米国で発明されましたが、このときも、ゲーム機自体にあらかじめ複数のゲームが書き込まれた状態で販売されました。

時代が下り、カートリッジが出てきます。ゲームアプリケーションが半導体に書き込まれて、ゲーム機とアプリケーションがバラバラにここでようやくなりました。これは、大変化と言ってもいいでしょう。ここまでをゲームの初期としましょう。レシピで考えてみると、半導体・ソフト開発がメインといえると思います。

ここからはみなさんもよく知っている世界でしょう。

任天堂やセガなどによる人気ゲーム機が世界を席巻し、日本を中心としたゲームメーカーから多くのクリエーターが輩出されます。

90年代の半ばには、ソニーがプレイステーションを投入します。前述したとおり、プレステは、カートリッジをなくし、CD-ROMを搭載しました。こうして、ゲームソフトの容量はそれまでのカートリッジ式の容量の何倍、何十倍にも拡大しました。このことにより、3次元でのコンピュータグラフィックスがゲーム市場に持ち込まれます。すでに今日のゲームでは、3次元での立体的な映像はあたりまえですね。

ゲームを記録する記録メディアはCD、DVD、BD（ブルーレイディスク）と進化していきました。こうして、世代ごとに数倍の容量を保有できるようになりました。
また、１９９０年後半からはインターネットが身近になります。レシピで考えると、ソフト・ネットワークがゲーム開発の中心です。

ざっと見ても、すさまじい変化です。これら新しい技術を取り込むためには、同時に旬を過ぎた技術を「レシピ」から外す必要が出てきます。

ゲーム機が構成する技術領域を半導体・ソフト・ネットワークの３分野に単純化したとすると、初期は、半導体・ソフトの開発が中心でした。

現在は半導体よりもソフト・ネットワーク領域への重点が移っています。

つまり会社全体としてはこれを予測して、開発チームが何を中心にするのか、技術経営のための資源をシフトさせる必要がありました。

もちろん、こうした大きなシフトは責任者の仕事です。**しかし、ここで覚えておくべきは、同じ仕事でも、具体的な内容は10年単位で大きく変わる可能性があることです。**

「レシピ」の変化には立場が違っても、誰もが無縁ではありません。当然、自分の業務も変わるかもしれません。

自分がつくっているプロダクトやサービスが、どんな「レシピ」でできているか、常に意識しましょう。

そして、プロダクトやサービスの進化には何が必要になっていくか、レシピがどう変わっているのかイメージしてみましょう。それが、つくり続けることに不可欠な姿勢です。

商品のチェックは絶対におろそかにできない

エンジニアリングでは、正しく操作して実験するだけでなく、エラーが出そうな操作の安全動作も実現しなくてはなりません。ここがエンジニアリングにかかわる人たちの腕の見せどころです。

昨今、注目度を増している自動運転の分野でいえば、**通常走行だけでなく、想定しない状況でも事故を避けるように走行するか、安全性の追求の領域でエンジニアリングの真価が問われます。**99％問題なく曲がれても、1％曲がれなかったらその原因を分析して潰すのがエンジニアリングの役割です。

ここまで読んでおわかりになる通り、エンジニアリングは地道な作業です。ひとつひとつ仮説を立てて原理を確認していきます。

たとえば、自動車に搭載する機器について考えてみましょう。

車のダッシュボードは夏場になると80度くらいの高温になるといわれていますし、冬場の寒冷地だと氷点下のはるか下まで温度が下がります。

自動車での温度は、ある一定範囲の温度での動作を確認すれば良いのですが、温度以外にも湿度や振動も視野にいれながら、動作確認が必要になります。最近では、携帯電話のような電波を発する機器も多くなり、こういった電波からの干渉や妨害を受けないような設計・仕様にすることも必要となってきています。量産化のためには、多くの確認作業を必要とするのです。

もちろん、すべてをひとりで確認することはできません。ですから、サイエンスとビジネスの間に横たわる広く大きなエンジニアリングの海を渡り切るには、さまざまな技術分野でのエキスパートによる支援が必要になります。

こういった一連のプロセスを、起業して間もないスタートアップ企業の経営資源で対応するのは簡単ではありません。サイエンスから出発しているスタートアップ企業にとっては、弱点となるかもしれません。ここで、多くのエキスパートを抱えるパートナー企業との協業が必須となるはずです。サイエンスからビジネスへの船頭役となるエンジニアリングを軽視することなく、それを実現するための人材を積極的に求めていかなければいけません。サイエンスとエンジニアリングとビジネスをしっかりつなげる。急がば回れです。

「この業務は不要だ」と思う訓練をする

先行投資の理想形はどういうものでしょうか。それはもちろん、既存の事業が収益を得られなくなる前から投資をして、既存事業の収益が得られなくなった頃に次世代のプロダクトやサービスを投入できるようになっていることです。

「それはそうだけど、実際には難しい」との指摘もあるでしょう。

しかし、不可能ではありません。有効な手法としては、「常に社内で自社のプロダクトを無力化してしまう次世代プロダクトを仕込んでおく」ことです。他社に自社のプロダクトを無力化されてしまうのならば、自社で自社のプロダクトを無力化して、次の世代のプロダクトにつなげる発想です。

たとえば、記録メディアの歴史でいえば、磁気テープのVHS・ベータの時代にデジタル記録タイプのDVを準備し、その後はあえて光ディスク記録技術をベースにしたCD・DVD・BDを社内の隣接部署で用意したりすることがこれに当てはまります。

先行投資につきまとうのがお金の問題です。

先手を打って投資できていれば問題ありませんが、手を打つことが間に合わず、現行事業の収益性が下がってきたのが見え始めてから、将来投資の議論を始めるケースも珍しくありません。ここではじめてしまうと、当然、お金に余裕はありません。

こうした場合は、まず今ある事業の中で使っている資金の中から、先端技術やサービスの開発に回せるお金を捻出できないか考えます。ここまで述べてきましたが、会社の規模が大きくなったり、歴史が長くなったりすると本質的な意味、意義を消失している事業も少なくありません。それでも、やはり後手ではありますが。

投資判断は最終的にはマネジメント層が意思決定することですが、「つくる」人ならば、お金の問題は誰もがいつかはぶちあたる壁です。

会社にとって何が重要で、どこは不要なのか。**不要となった作業・業務を見つけ、会社の将来を担う開発へと振り分ける視点で自分の会社を眺めてみてください。**ひとりひとりにそうした意識があれば、会社の収益が減り、回復不能な状態になってから慌てて、次の「つくる」ネタを探す悪循環は避けられるはずです。

おわりに

この書籍を読んでくださり、誠にありがとうございます。これまで30数年にわたり先端技術開発とグローバルビジネス構築にかかわってきた経験から、「創造する人」がもっと増えてほしいという願いを込めて本書を執筆しました。

１９９４年12月に発売された初代プレイステーションにかかわってから16年間、歴代のプレイステーションの企画、プラットフォーム開発、事業立ち上げと運用、事業経営と幅広い体験をさせていただきました。

初代プレイステーションの発売後３年でソニー・コンピュータエンタテインメントは営業利益１０００億円を超え、同じく発売後７年で売上１兆円を超えるという平成５年に創業した企業としては驚くべき業績となりました。

私は初代プレイステーション立ち上げの一員として参画させていただき、幸運にして、類いまれな体験をしました。

多くの困難に共に立ち向かっていった上司、先輩、同僚や関連業界の方々には感謝の思いしかありません。

ゲームはテクノロジー・エンジニアリング・アートなどの総合芸術とも言われ、７年間のプレイステーション事業のCTO経験を通して得た世界中のトップクリエーターやエンジニア・サイエンティストとの刺激的な協業は素晴らしいものでした。もちろん、うまくいかなかったことも少なくはないものの、後進の素晴らしい活躍により、プレイステーションは２０２３年に据え置き型ビデオゲーム機として初の5億台の販売を記録しています。ソニーを卒業した後も、楽天やKPMGなどで対話型人工知能の開発や監査・税務などのプロフェッショナルサービスのAIによる自動化・高度化などに携わり、世界中のトップクラスのデジタル人材と仕事をさせていただきました。

こういった経験から本書では、「知っている」「使える」にとどまらず、「つくれる」ということが新たな価値創造において重要であり、読者のみなさんにも「つくれる人＝創造する人」になってほしいと思い、そのヒントを可能な限り共有しました。

本書が読者のみなさんの次なる挑戦への応援となればと願っています。

茶谷 公之（ちゃたに まさゆき）

大学院修了後、ソニーの開発研究所に入社し、手描き文字認識の開発を行った後、米国大学にてユーザ・インタフェースとコンピュータグラフィックスを学び帰国。発売後 3 年で営業利益 1000 億円超、7 年で売り上げ 1 兆円超となった初代プレイステーションの立ち上げメンバーとして参画。同事業の CTO / EVP として、歴代のプレイステーションの構想・開発・立ち上げ・事業運営に携わる。その後、ソニー本社技術戦略部門長、楽天にて AI 担当の執行役員、会計 BIG4 ファームの一つである KPMG のデジタル開発会社 CEO などを歴任。「ものづくり」「プラットフォームづくり」に携わり続けている。書道師範やワインエキスパートなど多方面に造詣が深い。本書が初の一冊。

創造する人の時代

2023 年 11 月 20 日　第 1 版第 1 刷発行

著者	茶谷公之
発行者	中川ヒロミ
発行	株式会社日経 BP
発売	株式会社日経 BP マーケティング
	〒105-8308　東京都港区虎ノ門 4-3-12
	https://bookplus.nikkei.com
ブックデザイン	加藤京子（sidekick）
校正	加藤義廣（小柳商店）
編集	中野亜海
本文 DTP	フォレスト
印刷・製本	中央精版印刷

本書籍に関するお問い合わせ、ご連絡は下記にて承ります。
https://nkbp.jp/booksQA

ISBN 978-4-296-00088-3　©Masayuki Chatani 2023 Printed in Japan